일 좀 하는
언니들 이야기

일 좀 하는 언니들 이야기

초판 1쇄 발행 2018년 11월 27일

지은이 조우관
펴낸곳 글라이더 **펴낸이** 박정화
등록 2012년 3월 28일 (제2012-000066호)
주소 경기도 고양시 덕양구 화중로 130번길 14(아성프라자 601호)
전화 070)4685-5799 **팩스** 0303)0949-5799 **전자우편** gliderbooks@hanmail.net
블로그 http://gliderbook.blog.me/
ISBN 979-11-86510-75-9 43300

책값은 뒤표지에 있습니다.
잘못된 책은 바꾸어 드립니다.

이 도서의 국립중앙도서관 출판예정도서목록(CIP)은 서지정보유통지원시스템
홈페이지(http://seoji.nl.go.kr)와 국가자료공동목록시스템(http://www.nl.go.kr/
kolisnet)에서 이용하실 수 있습니다.(CIP제어번호: CIP2018036294)

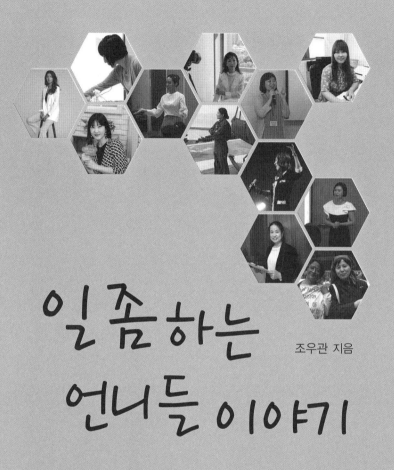

일 좀 하는
언니들 이야기

조우관 지음

글라이더

"21세기 소녀들아, 말해!
넌 강하다고."

20세기 드라마나 영화에는 늘 비련의 여주인공이 등장했다. 고시 공부를 하던 남자친구를 뒷바라지하지만 그 남자는 시험에 합격하자마자 결국 여자를 배신한다. 부잣집 여자에게 남자를 뺏기는 여자 주인공은 뭐라고 한마디도 할 줄 모르고 그 모든 사실을 그냥 받아들일 뿐이었다. 순종적이면서도 무기력했다. 늘 나쁜 여자가 나와서 주인공을 괴롭히고, 주인공은 울기 바빴다. 그러다가 백마 탄 왕자님이 짠하고 나타나 갑자기 신분이 상승하는 백설 공주나 신데렐라 같은 여자들이 수시로 등장했다.

나는 늘 강한 여전사가 되는 꿈을 꾸곤 했다. 어렸을 때 미국 드라마를 보면서 CIA나 FBI 요원이 되는 모습을 상상하곤 했다. 안젤리나 졸리가 맡았던 영화 〈툼레이더〉의 캐릭터를 보면서 그렇게 강한 여자가 되고 싶다는 생각을 줄곧 했다. 하지만 내가 어렸을 때부터 엄마는 늘 "여자는 시집만 잘 가면 된다"라는 이야기를 하곤 했다. 원래 20세기 엄마들은 한이 많다. 그래서 자신의 딸만큼은 자신처럼 한 많은 삶을 살지 않기를 바라면서도 '네 인생을 네 스스로 꾸리라'는 말은 차마 하지 못하는 존재들이기도 했다. 여자가 스스로의 힘으로 산다는 것 자체를 상상할 수조차 없었기에 남자를 잘 만나야 한다고 딸에게 가르치면서 말이다.

그 시절의 내 친구들도 꿈이 크지 않았다. 장래 희망이라고는 선생님이나 공무원이 대부분이었다. 의사라는 직업은 남자들의 직업으로 여겼기에 간호사를 추가하는 친구들도 있었다. 과학자나 좀 거창해 보이는 직업들은 모두가 남자를 위한 직업이라고 여겼다. 그럴 정도로 친구들은 무엇을 하면 좋을지 알지 못하는 듯했다. 항상 보는 사람이라고는 학교 선생님이 전부였으니 말이다. 공무원이 되면 편하게 살 거라고 부모님이 이야기해 주었으니 말이다. 그리고 우리 엄마처럼 남자만 잘 만나면 된다고 했으니 말이다. 그런데 이상한 건 요즘의 친구들 역시 내가 어렸을 때와 별반 다르지 않게 선생님이 되겠다거나 공무원이 되겠다고 하는 경우가 많다는 것이다.

시간이 정말 많이 흘렀다. 세상이 이렇게 많이 발전하고 그 사이에 정말 다양한 직업이 생겼는데도 왜 지금 친구들의 꿈과 그 옛날 친구들의 꿈이 별로 달라지지 않았을까 의아했다. 내 친구들이 세상에 얼마나 다양한 직업이 있고 사람들이 얼마나 멋지게 일하고 있는지 들어 본 적도 없었던 것처럼, 요즘의 친구들 역시 그렇지 않을까 하는 생각이 들었다.

예전의 엄마들은 여자는 시집만 잘 가면 된다고 했지만, 이제는 남자를 잘 만나 좋은 집안에 시집가는 게 성공한 인생이라고 가르치는 엄마들은 아마 없을 것이다. 사실, 남자는 번듯한 직업을 가졌고 여자는 그 남자 뒷바라지하고 살림만 하는 걸 시집을 잘 간 거라고 할 수도 없다. 이제 여성 스스로 자신의 인생을 꾸려 나가길 바라는 세상이 됐고, 또 꾸릴 수 있을 정도의 사회가 됐다.

21세기 영화에는 이제 더는 착하기만 한 신데렐라는 없다. 못된 왕비에게 쫓겨난 신데렐라가 그 왕비에 대항해 싸운다. 강한 여전사들이 수시로 나온다. 나쁜 여자에게 마냥 기죽어 있는 주인공만이 아니라 할 말은 하고 보는 주인공들이 나오기 시작했다.

남녀에 상관없이 도전하는 여성들도 늘어났다. 센 언니들의 전성시대가 온 것이다. 1990년대까지 사관학교에서는 여학생들을 뽑지 않았지만, 이제는 여학생들이 사관학교에도 가고 장교도 되는 시대가 됐다. 사회 각계각층에서 전문직으로 일하거나 CEO로 활동하는 여성들도 많아졌다.

그럼에도 불구하고 아직도 당당하게 세상에 나서기가 두려운 소녀들에게 사회에서 멋지게 일하고 있는 언니들의 이야기를 들려주려고 한다. 세상에 없는 직업을 만들어 내서 일하고 있는 언니들, 즐겁고 재미있게 일하고 있는 언니들, 어렸을 때는 힘이 없고 초라했지만 지금은 누구보다도 멋있는 언니들 이야기 말이다. 그 언니들도 어렸을 때는 남들과 다르지 않은 그저 평범한 소녀들이었다. 하지만 지금은 누구보다도 자신의 일에 가치를 부여하면서 멋지게 일하며 살고 있다.

"딴 놈들이 뭐라건, 이 세상이 뭐라건 넌 내게 최고, 너 그대로. 절대 쫄지 말아, 누가 뭐래도 넌 괜찮아. 21세기 소녀들아 말해, 너는 강하다고. 말해, 넌 충분하다고. 널 절대 낮추지 마. 쟤들에게 너를 맞추진 마."

BTS 오빠들이 부르는 〈21st Century Girls〉 노래 가사처럼, 오늘 자신에게 말해 줄 수 있기를. 나는 앞으로 뭐든지 할 수 있고, 뭐든지 될 수 있을 정도로 충분하다고. 책 속에 등장하는 언니들 이야기를 보면서 나도 그렇게 될 수 있다고 생각하며 꿈꾸는 하루하루를 맞이할 수 있게 되기를.

지금 꿈이 없다고, 꿈을 찾지 못했다고 슬퍼하지 말기를. 꿈이란 때로는 보물찾기보다 수월하게 어느 날 우리 앞에 떡하니 떨어질 때도 있고, 하나의 꿈을 이루면 꼬리에 꼬리를 물고 또 찾아올 수도 있다. 단 한 가지 이야기하고 싶은 건 음식도 많이 먹어 본 사람이 음식 맛을 아는 것처럼, 꿈도 많이 꿔 본 사람이 꿈의 맛을 알게 된다는 것.

한때 소녀들이었던 그녀들이 지금의 소녀들에게 자신의 이야기를 들려준 것처럼, 지금의 소녀들도 먼 훗날의 소녀들에게 자신의 이야기를 들려주는 멋진 여성으로 성장하기를 진심으로 빈다.

2018년 11월

조우관

차례

Part 6 : 평범함 속에서 특별한 일들을 발견해

Part 1

소중한 것을
지키는 건
보람된 일이야

인생에
휴전은 없어

_헬기 조종사

배서희

헬기조종사 VIP 인원 공수, 의무 후송, 화물 공수 등 사람을 태우거나 물건을 싣고 목적지에 내려주는 일 등을 한다. 패스트로프, 레펠 등 훈련과 관련한 일, 산불 진화 등 재해 시 임무를 수행하기도 한다.

"성공한 사람은 실패한 사람이 좋아하지 않는 일을 하는 습관이 있는 사람이다." - 토마스 에디슨

비행청소년이 진짜 비행을 하게 됐어

초등학교 1학년인 아이가 자기 인생은 이제 틀렸다고 말하는 걸 들은 적이 있다. "너는 이제 고작 초등학교 1학년밖에 되지 않았어" 라고 말해 주었다. 그 아이에겐 자기 앞에 펼쳐질 시간들의 개념이 잘 와 닿지 않을 것이다. 얼마나 많은 가능성이 있는지 모르는 게 어쩌면 당연하다. 내가 아주 어리고 내 앞에 길고 긴 미래가 있다는 걸 알고 있지만 가끔은 지금 당장의 사건들이 더 크게 느껴질 때도 있다. 그럴 때면 미래를 이야기하기가 싫어진다. 지금의 성적이, 지금의 암울한 상황이 끝나지 않고 계속될 것만 같은 생각이 드니까 말이다.

늪에 빠졌을 때 그 늪에서 헤어날 수 있는 유일한 방법은 온몸의 힘을 빼고 그 자리에 드러눕는 것이다. 누워서 자신의 면적을 최대한 넓게 만든 후 마치 군인이 철조망 장애물을 통과하듯이 발을 움직이며 늪에서 빠져나와야 한다. 그 속에서 힘을 주어 발버둥을 치게 되면 늪 속으로 점점 빠져들어 두 번 다시 헤어날 수 없게 된다.

아무런 희망이 없는 비행청소년이라는 낙인이 찍혔대도, 나조차도 나 자신을 포기하고 싶어지더라도 지금은 잠시 내 온몸과 마음에서 힘을 빼야 하는 시간이라고 생각한다면, 나에게도 무언가를 이룰 수 있는 기회가 올지도 모른다. 군인이자 헬기 조종사인 그녀, 배서

일 좀 하는 언니들 이야기

희 소령처럼 말이다.

그녀는 학창 시절 비행청소년이었다. 아버지가 군인이었기 때문에 수시로 전학을 다니면서 친구들과 친하게 지내야 한다고 생각했고, 오직 노는 것에만 관심이 있었다. 소위 '짱'이라고 불리던 친구들과 어울려 다녔고 성적은 바닥이었다. 항상 선생님한테 반항을 했고 남자 친구들과 어울려 다니며 놀다가 선생님한테 호되게 혼나기도 했다. 모범생이었던 언니와 비교를 당하기 일쑤였고, 아무도 그녀가 대학을 갈 수 있을 거라는 기대조차도 하지 않았고 모두가 그녀에게 안 된다고 했다.

남들이 나에게 어떤 말을 하든, 사람들이 아무리 나를 포기하든 내가 나를 포기하지 않는 한 희망은 늘 내 편이라는 것을 그녀를 통해 알 수 있다. 모두가 그녀를 포기했던 순간에도 그녀만은 자신을 포기하지 않았다. 국립대 진학을 목표로 고3이 되어서야 이를 악물고 공부를 하게 되고 수능 점수를 100점 이상이나 올리며 국립대에 당당히 합격했다. 비록 문제아였지만 그녀의 마음속에는 누구보다도 강한 자신감이 가득했을지도 모르겠다.

그렇다면 우리의 진짜 문제는 문제를 일으키고 있는 나 자신보다 자신감 없는 나 자신은 아닐까? 모든 것을 다 포기하고 싶어지는 내 마음 말이다. 물론 그녀도 공부 대신 노는 것을 선택함으로써 어떤 한 부분을 포기한 적이 있지만, 그렇다고 영원히 포기하지는 않았다. 어쩌면 실컷 놀아 봤기에 노는 데 더는 미련이 남지 않았을지도 모른다. 어느 순간에 내가 무언가를 포기했다고 해서 영원히 포기만 하며 살 거라고 생각해서는 안 된다. 우리에게는 어떤 누군가의 응원이나 신뢰보다도 내가 나를 위로하고 응원하는 것이 가장 필요한 법이니까.

대학에서 그녀의 전공은 철학이었다. 철학도가 군인이 되다니! 사관학교를 가거나 고등학교를 졸업한 후 하사관으로 입대하는 것만이 군인이 되는 방법인 줄 알았는데, 군인과는 전혀 어울릴 것 같지 않은 철학과를 다니면서도 장교로 임관할 수 있다고 한다. 앞으로 어떤 일을 하고, 어떤 사람이 되기 위해서 그동안 무엇을 하며 살았는지, 무슨 공부를 하면서 살았는지는 사실 아무런 문제가 되지 않는 것이다.

그녀는 일곱 살 때부터 아버지의 뒤를 이어 군인이 되는 꿈을 꾸었다. 하지만 방황하던 시절 자신의 꿈을 잊고 지냈고, 대학생이 되어서야 그 꿈이 다시 생각났다. 그래서 그녀는 대학교 4학년 때 지금의 학사장교 시험에 해당하는 여군 사관 시험을 보게 됐다. 그 당시엔 고등학교와 대학교 성적으로 1차 서류 심사를 통과하면 2차로 면접을 보았고, 3차로 달리기, 팔굽혀펴기, 윗몸일으키기 등의 체력 검정을 봤다고 한다. 1차에서 시험을 봐야 하는 지금과는 조금은 다른 제도였다. 그녀는 시험에 당당히 합격했고, 대학을 졸업하자마자 바로 임관해 최연소 육군 소위가 됐다.

놀기만 하고 체육만 좋아했던 것이 어쩌면 그녀가 군인이 되는 데 더 좋은 요건이 되었을 수도 있다. 그만큼 체력이 좋았기에 체력 검정 정도는 무난히 통과할 수 있었다. 그리고 어렸을 때부터 태권도를 꾸준히 익히고 대학에 들어가서 합기도를 배운 덕분에 준비된 군인이었다고 할 수 있다. 거기에다 수능 점수를 100점이나 올릴 정도의 오기까지 갖추고 있었으니 군인이 되기에는 충분한 자격 조건을 갖춘 셈이었다.

한 사람이 가진 특성이 늘 단점으로 작용하는 것은 아니다. 밖으로 뛰어다니기 좋아하는 친구를 보면서 좀 더 얌전해지기를 바라는 부모님과 선생님들도 있겠지만 자신의 특성에 어울리는 직업과 일을 찾는 것이 더 중요하다. 내가 가진 성향을 애써 남들과 똑같이 맞추거나 자신과는 맞지 않는 직업에 나를 맞출 필요는 없다. 그녀가 조용한 학생이었다면 애초에 군인이라는 직업 자체를 꿈꾸지 않았을 것이다. 활동적인 아이였기 때문에 군인이 될 수 있었다.

임관식 날, 그녀는 여군 최초로 육군 참모총장이 되는 걸 꿈꾸었다고 한다. 꿈을 꾸게 되고 목표를 세우면 사람은 그 근처에라도 가기 위해 애를 쓰게 되어 있다. 낮고 추상적인 목표보다는 높고 구체적인 목표가 우리에게 더 큰 동기 부여가 될 수 있다. 이제 여성이 도전할 수 있는 직업이 더 많아지고 이전에는 도전할 엄두조차 내지 못했던 일에 도전하는 여성들도 늘어나고 있다. 배서희 소령처럼 헬기를 조종하는 군인, 장갑차를 모는 군인, 저격수, 다른 사람의 신변을 보호하는 경호원, UFC 선수에 이르기까지 직업 앞에서 남녀를 가를 필요가 없어졌다.

그녀의 남편 역시 헬기 조종사이고 직급도 같은 소령이다. 그녀가 1년 선배이긴 하지만 가정 내에서 서로 주도권을 차지하기 위한 힘겨루기 없이 오히려 동등하게 서로를 대한다고 한다. 누구보다도 남편은 그녀의 일을 지지해 준다. 군대 업무 외의 다른 여러 가지 일을 할 때도 응원해 주며, 강연을 가게 되면 강연장까지 따라가서 사진을 찍어 주는 등 외조를 한다.

그녀는 남녀 간에 가장 평등할 수 있는 곳이 군대라고 말한다. 일반 직장보다 계급에 의해 움직이는 군대가 자신의 직급에서 더 평등하게 일할 수 있는 구조라는 것이다. 일반 회사나 사회에서는 여자이기 때문에 불이익을 당하고 차별을 당하는 경우가 많지만 군대 내에서는 오히려 여군을 불평등하게 대우하지 않기 위해 노력하는 분위기라고 한다.

우리나라에는 선덕여왕, 진성여왕, 진덕여왕 등 여왕이 몇 명 있었다. 그런데 정작 그 당시에는 왕이면 다 같은 왕이었지 여성이기 때문에 왕이라는 글자 앞에 '여'자를 붙여서 여왕으로 부르지 않았다. 하지만 21세기가 된 지금 우리는 그녀들을 왕이 아닌 여왕이라고 부른다. 그때의 의식보다 지금의 의식 수준이 오히려 더 낮아졌다고 해도 과언이 아니다.

여군, 여경 등의 글자들이 사라진 후에야 진정한 남녀평등이 이루어질 수 있을 것이다. 따라서 그녀가 여군 배서희, 여장교 배서희가 아니라 그저 군인 배서희로 불릴 수 있기를 바라고, 이 땅의 모든 여성 군인들 역시 여군이 아닌 대한민국 군인으로 불리며 그들의 책임을 다할 수 있기를 빈다.

이륙하는 순간 두려움은 사라져

라이트 형제가 비행기를 발명하기 전까지 인류는 인간이 하늘을 날 수 있을 거라고 생각하지 못했다. 그것은 그저 인간이 도달할 수 없는 영역일 뿐이었다. 라이트 형제가 새처럼 날고자 했을 때 주위 사람들은 그들의 행동을 기이하게 느꼈을 것이다. 그들을 비웃는 사람들도 있었을 것이다.

A, B, C, D 알파벳도 모른 채, 유일하게 '수'를 받았던 과목이 체육이었던 그녀가 인문계 고등학교에 진학하겠다고 했을 때 모두가 그녀의 말에 코웃음을 쳤다. 그녀가 자기 언니처럼 국립대에 진학하겠다고 했을 때도 아무도 그 말이 이루어질 거라고 생각하지 않았다. 하지만 몇 번을 고꾸라져도 다시 도전하고 또다시 도전했던 라이트 형제처럼, 그녀 역시 사람들의 웃음거리와 조롱거리가 됐지만 도전

하기를 멈추지 않았다. 고등학교와 대학교에 진학할 때 도전하고 넘어지고 다시 도전한 끝에 원하던 바를 이루어 냈다.

우리에게는 누군가의 시선과 고정관념을 넘어설 수 있는 용기가 필요하다. 어떤 누군가의 말 때문에 막상 상처를 받게 되더라도 그 상처에 다시 새살이 돋는다는 것을 믿는 용기 말이다. 넘어지지 않는 것이 중요한 게 아니라, 넘어졌을 때 다시 일어설 수 있는 것이 진정한 용기이다.

육군으로 임관을 했는데 그녀는 어떻게 헬기 조종사가 되었을까? 그것도 참 흥미롭다. 공군사관학교를 가거나 공군으로 임관을 해야만 조종사가 될 수 있을 것 같은데, 중위에서 대위로 가는 관문인 장기 선발 과정에서 탈락한 것이 그녀가 조종사가 된 이유였다. 장기 선발 과정에 탈락하면서 그녀는 육군 항공병과로 전과하게 되었다. 그렇지 않으면 전역을 해야 했기에 그것이 최선이었다고 한다. 탈락이 또 다른 기회가 된 셈이다.

육군에 입대해서 야전에서 1년이나 2년 군 생활을 하면 육군 항공병과로 전환할 수 있는 시험을 칠 수 있다. 합격하면 육군항공학교에 가서 비행 과정을 이수한 뒤 헬기 조종사가 된다. 헬기 조종사는 VIP 인원 공수, 화물 공수, 의무 후송 등 사람을 태우거나 물자를 실어 목적지에 내려 주는 일을 하게 된다. 훈련 시에 패스트로프, 레펠 등을 할 수 있도록 해 주고, 산불 진화 등의 임무도 수행한다. 비행은 UH-1H가 주기종이고, 한 번 비행할 때 조종사 2명이 탑승하며 탑승석에는 2명의 승무원이 비행 경계를 한다. 헬기에는 5명에서 최대 8

명의 병력이 탑승할 수 있다고 한다.

육군이었던 그녀가 처음 하늘을 날던 날 얼마만큼의 두려움에 휩싸였을지 상상조차 되지 않는다. 대범한 그녀에게도 비행이 때로는 두려울 때도 있지만 막상 이륙을 시작하면 두려움이 사라진다고 한다. 롤러코스터를 타면 빠르게 움직일 때보다 천천히 맨 꼭대기까지 올라갈 때가 더 무서운 것처럼 이륙을 준비하는 그 순간이 가장 두려움이 큰 순간일지도 모르겠다.

모든 일이 그렇다. 어떤 새로운 일에 도전하거나 새로운 환경에 놓이기 전에는 닥쳐올 모든 것들이 두렵고, 내가 과연 낯선 환경에서 생활할 수 있을지 암담할 때가 있다. 하지만 인간은 지구상의 어떤 동물들보다 새로운 환경에 적응을 잘하는 존재가 아닐까 싶다. 두려움을 충분히 극복할 수 있는 용기가 있는 존재들인 것이다. 캄캄한 터널의 한가운데 있더라도 그 어둠 속에서 가만히 앉아 죽음만을 기다리지 않고 작은 불빛 하나를 목적지 삼아 걸을 수 있는 존재 말이다.

미지의 세상은 가 보지 않았기 때문에 두려울 뿐이지 막상 그 세상에 발을 딛게 되면 더는 미지의 세상이 아니다. 하늘을 날기 전에는 하늘 너머에 무엇이 있을지 두려울 수도 있다. 갑자기 비행기가 고장 나거나 땅으로 추락해 버리는 건 아닐지 온갖 걱정이 물밀듯이 몰려올 수도 있다. 하지만 하늘은 그 어떤 곳보다도 고요할 것이다. 그 고요 속에서 마침내 평정심을 찾고 나를 보게 되는 순간이 찾아올지도 모른다. 그러면 그 어떤 때보다도 나에 대해 깊이 생각하고 새로운 나를 만나게 되는 시간을 갖게 되지 않을까?

　그녀는 지금까지 헬기 조종사로서 앞만 보고 달려왔다고 한다. 더 높은 계급으로 승진을 하거나 별을 달아서 장군이 되는 걸 꿈꾸었다. 그러나 지금은 그것보다도 삶에 있어 더 소중한 것을 깨달았다고 한다. 엄마가 되면서 자신의 어깨 위에 별을 다는 것보다 아이들이 반짝반짝 빛나는 존재가 되도록 돕는 게 더 중요하다는 걸 알게 되었다고 한다. 아이들에게 별보다 빛나는 엄마가 되어 주고 싶다고 한다. 지금의 소중한 시간을 마음껏 누리는 것이 진정한 행복이라는 걸 깨달았다고 한다. 그래서 그녀는 가족과 함께 지내는 시간을 많이 가지려고 노력한다. 가족들과 함께 크루즈 여행을 다섯 번이나 다녀올 정도로 현재 주어진 시간을 즐길 줄 안다.

　만약 그녀가 계급이 높아지는 것을 더 중요하고 가치 있게 생각했다면 가족들과 함께 시간을 보내기보다 일을 하는 데 더 많은 시간을 쏟았을지도 모른다. 더 높은 자리에 오르기 위해 가족들과 여행을 가는 대신에 상관들과 보내는 시간이 더 많았을지도 모른다. 미래라는 불투명한 시간을 위해 현재를 저당 잡힌 채 오직 자신의 승진만을 위해 달려가면서 말이다.

　지금 이 시간이 빨리 지나가 버렸으면 좋겠다고 생각하며 하루빨리 어른이 되기를 바라는 친구들이 많을 것이다. 주위를 둘러싼 어른들의 손에서 하루라도 빨리 벗어나고 싶을 것이다. 주변의 어른들로부터 많이 들어 본 말이겠지만 청소년 시절만큼 좋은 시간은 인생에 그리 많지 않다. 어른은 시간만 지나면 누구나 될 수 있다. 그런데 지금 내게 주어진 순간들은 시간이 지나면 두 번 다시 찾을 수 없다. 내게 주어진 '현재'를 마음껏 음미하고 '오늘'이라는 시간이 얼마나 소중한지 깨닫게 된다면, 지금은 물론이고 미래에서도 행복한 사람이 될 수 있다. 지금 행복해지기 위해 노력하는 사람만이 미래에도 역시 행복해지는 법을 알기 때문이다.

군인은 충분히 아름다운 직업이야

문득 그런 생각이 들었다. 군인이 되면 여자로서의 인생은 끝나는 것이 아닐까 하는……. 예쁘게 치장도 하고 연애도 하며 마음껏 여자인 것을 누리고 싶은데, 그 모든 자유를 누릴 수 없을 거라고 생각했다. 하지만 직업이 군인일 뿐이지 여자로서의 삶을 포기해야 하는 것도, 예쁘게 꾸미지 못하면서 사는 것도 아니다. 그럴 거라는 생각은 우리 모두의 오해일 뿐이다. 특히, 배서희 소령을 보면 더 그런 생각이 든다. 그녀는 같은 군인인 남편을 만나 결혼했고, 세 아이의 엄마가 됐다. 군인과는 전혀 거리가 먼 것처럼 보이는 재즈댄스, 서예, 캘리그라피, 십자수 등의 취미 생활을 즐겼고, 심리 상담사와 한식 조리사 등의 자격증도 땄다. 무엇보다 산후에 불어난 몸매를 다시 잘 가꿔서 다이어트에 성공했고 지금은 누구보다 멋진 몸매를 갖게 됐다.

그녀가 다이어트에 성공했을 때 주위의 많은 주부들이 어떻게 해서 그렇게 날씬해질 수 있었는지 물었다고 한다. 그렇게 만나는 사람들에게 자신의 노하우를 얘기해 주다가 카페를 만들어 공유하고 싶다는 생각을 하게 되었다고 한다. 그래서 그녀는 네이버카페 '산후 다이어트연구소'를 운영하면서 자신의 다이어트 노하우를 공유하고 컨설팅을 진행하는 등 다른 여성들의 아름다운 몸매를 위해서도 일하고 있다. 단순히 누군가에게 보이기 위해 몸매를 다듬는 것을 넘어 산후에 우울증을 앓는 엄마들을 도울 수 있는 여러 계획들도 구상 중이라고 한다. 은퇴 후에 다이어트 전문가로서 여러 여성들을 돕는 그녀의 모습도 기대된다.

그녀는 군인이 자신의 천직이라고 생각하고 있다. 그만큼 그 일이 자신에게 잘 맞고 의미 있는 듯했다. 군인으로서의 소임을 다하고 은퇴했을 때, 한 사람으로서 할 수 있는 또 다른 소임까지도 염두에 두고 자신을 가꾸어 나가는 그녀의 모습에서 여성을 뛰어넘는 아름다움을 보았다.

군인이 되면 아름다움은 물론이고 세상과 단절된 삶을 살아야 한다고 생각했는데 그것은 모두 잘못된 편견과 고정관념일 뿐이었다. 그리고 군인이라고 하면 터프하게 말하고, 투박하고, 여성스러운 것과는 거리가 먼 사람들일 거라고 생각했는데 전혀 그렇지가 않았다. 시를 쓰는 감수성 풍부한 군인도 있고, 배서희 소령처럼 몸매를 아름답게 가꾸면서 자신의 여성성을 결코 잃지 않는 군인도 있다. 치마라고는 절대 입지 않을 것 같은 군인들이 쉬는 날이면 예쁜 원피스를 입고 외출하는 경우도 많다. 무뚝뚝해 보이지만 남자친구 앞에서 애교쟁이로 변하는 군인들도 많을 것이다.

그리고 배서희 소령은 조언한다. 요즘 여학생들에게 군인이라는 직업이 인기가 많은데, 멋있어 보이는 제복에 대한 환상으로 군인을 꿈꾸지는 말라고 말이다. 제복은 특별한 경우에만 입고 보통은 훈련복 차림으로 일을 하기 때문이다. 그리고 육체적으로 힘든 경우도 많고, 사명감이 필요한 직업이기 때문에 겉모습만을 보고 선택해서도 안 된다고 말한다.

이렇듯 겉으로 보이는 것만이 누군가를 대변하는 건 아니다. 우리는 너무나 쉽게 우리 눈에 보이는 것만으로 상대를 평가하곤 한다. 직업에 그 사람의 모든 정보가 다 들어 있기라도 한 양 직업을 보고 편견을 갖기도 한다. 우리 눈에 보이는 것 이상으로 군인 역시 아름다운 여성으로 살아갈 수 있다. 동시에 군인이라는 직업은 눈에 보이는 대로 마냥 멋있기만 한 게 아니라 사명감과 쓰디 쓴 인내도 그 속에 담아야 한다. 하나의 꽃을 피우기 위해서는 바람과 비와 햇빛이 필요한 것처럼, 우리가 앞으로 해내야 할 일에도 시련과 고통이 있어야 성과와 성장도 함께 따라온다. 그 모든 걸 이겨 낸 사람이 비로소 아름다운 사람이 될 수 있다.

내 인생은 내가 조종할 거야

배서희 소령은 세 자매 중 둘째딸인데 유일하게 그녀의 아버지를 따라 군인이 됐다. 남편 역시 헬기 조종사인 말 그대로 군인 집안이다. 그녀는 아버지가 사업을 한다며 퇴직금을 다 날렸을 때도 밥값을 아껴 가면서 돈을 모아 어학연수를 다녀올 만큼 당찬 학생이었다. 대학생일 때부터 꾸준히 여행을 다녀 지금까지 20개국이 넘는 나라를

가 보았다고 한다. 늘 아르바이트를 하느라 시간도 없었을 테고, 등록금을 내느라 돈도 모자랐을 텐데 그녀는 일하며 모은 돈으로 생활비에 보태고 여행까지 다녔다.

우리가 돈이 없어서 혹은 시간이 없어서 무언가를 못한다고 말하는 건 어쩌면 핑계에 불과할지도 모른다. 밥값이 없어서 친구들에게 밥을 얻어먹던 그녀가, 학비와 생활비를 벌기 위해 늘 아르바이트를 해야 했던 그녀가 돈을 모아 여행을 다녀오고 공부를 해서 장학금을 받기까지 남들과 똑같이 생활하지는 않았을 것이다.

자신이 삶을 스스로 책임져야 하는 사람은 늘 고되다. 하지만 그만큼 보람되고 명예롭다. 물론 그녀도 누군가에게 기대고 싶었던 순간들이 있었을 것이다. 다른 친구들처럼 편하게 부모님이 주는 돈으로 대학을 다니고, 꾸미고 즐기는 데 돈을 쓰고 싶은 마음이 든 적도 있었을 것이다. 설령 그런 마음이 들었다고 해도 그녀는 투덜대며 시간을 낭비하지 않았고, 힘들다고 그냥 주저앉아 있지 않았다. 자신에게 주어진 시간을 쪼개고 또 쪼개서 남들보다 더 열심히 살았다.

아버지의 뒤를 이어 군인이 되려던 꿈을 이룬 그녀는《오늘, 나는 더 행복하다》라는 수필집을 낸 작가이기도 하다. 군인으로 힘들게 일하면서 그녀는 글을 쓰고 책까지 냈다. 시간을 분 단위로 쪼개면서 열심히 살았던 삶이 군인이 된 후에도 계속 이어지고 있는 느낌이다. 군인이 되기를 희망하는 여학생들은 그녀의 책을 통해 그녀를 더 깊이 만나면서 군인의 삶을 간접 체험해 볼 수 있지 않을까 싶다.

그녀는 나라가 위기에 처하면 목숨을 내던질 각오까지 하면서 자신의 임무를 수행하고 있다. 그런 중에 그녀는 세 아이의 엄마까지 됐다. 그 모든 역할을 감당하는 과정이 결코 순탄치 않았을 것이고 녹록하지 않았을 것이다. 아이들이 잠든 밤에 야간 훈련이나 비행을 나가야 하는 날이면 걱정이 이만저만이 아니었을 것이다.

배서희 소령은 결혼을 하고 아이를 낳은 뒤 군 생활과 난생처음인 육아를 병행하는 게 쉽지 않았다고 한다. 특히 태어난 지 6개월 된 첫째를 어린이집에 보내면서 새벽에 아이를 맡기고 저녁 늦게 찾으러 갈 때면 엄마라는 이름과 군인이라는 이름 사이에서 고민도 많이 했다고 한다. 대한민국 워킹맘이라면 이런 고민을 하지 않은 여성이 없을 만큼 누군가의 도움 없이 그 두 가지의 역할을 병행하기란 무척 어려운 일이다. 당찬 그녀에게도 그것은 어려운 일이었다. 지금은 누구보다도 엄마를 자랑스러워하는 아이들을 보며 군인의 삶을 포기하지 않은 게 다행이라고 말한다. 그리고 아이들 앞에서 더 멋진 엄마가 되기 위해 주어진 임무를 잘 수행해 나가는 것이 꿈이라고 한다. 어쩌면 아이들 중 누군가 엄마, 아빠의 뒤를 이어 군인이 될지도 모르겠다.

그녀는 현재 재능 기부로 청춘들을 위한 멘토 역할을 하고 있다. 특강, 강연 등을 통해서 여러 학생들을 만나기도 한다. 군인이 되고 싶은 학생들을 대상으로 모임도 진행해서 여러 가지 조언을 해 주는 등 활발히 소통하고 있다. 그녀는 대한민국을 지키는 군인이다. 그리고 세 아이의 엄마이다. 지킬 것이 많다는 건 그만큼 소중한 게 많다는 의미일 것이다. 우리의 소중한 것들을 지켜 내는 데는 남녀의 구분이 없다. 그것이 나의 꿈이든, 가족이든, 국가든 말이다.

얼마 전 그녀는 아버지를 국립대전현충원에 모셨다. 아버지를 마지막으로 떠나보내면서 그녀는 다짐했을 것이다. 아버지의 말씀처럼 더 멋지게 살고 더 멋진 군인이 되겠다고 말이다. 지금껏 자신의 삶을 스스로 잘 꾸려 왔던 것처럼 여전히 그녀는 자신의 길을 특별하게 개척하고 있다. 그녀의 인생에 휴전이란 없다. 그녀처럼 더 많은 친구들이 자신의 역할에 한계를 짓지 않으며 꿈과 삶을 스스로 조종할 수 있게 되기를 빈다.

일 좀 하는 언니들 이야기

헬기 조종사 배서희 언니에게 물어봐!

Q. 군인의 하루는 어떻게 되나요? 일반 회사원들처럼 출퇴근 시
  간이 정해져 있나요?

A. 보통은 8시에 출근해서 6시 퇴근을 하게 되는데, 군인 특성상
  당직 근무가 있으면 하루 24시간 근무를 서게 되고, 훈련이 있
  을 때는 퇴근하지 않고 3일에서 1주일까지 훈련장에서 자기도
  합니다. 훈련이나 당직이 있을 때가 아니라면 일반 직장인처럼
  출퇴근을 하지만 시간대는 다양하답니다. 업무에 따라 야근을
  하는 사람들도 있고, 조기 출근하는 경우도 있고요.

Q. 비상근무나 야간 근무 등 특별한 경우는 자주 있나요?

A. 비상근무는 한 달에 2~3회 이상이고 훈련은 분기에 한 번씩 정
  기적으로 하게 됩니다.

Q. 헬기를 조종하는 게 쉬운 일은 아닐 것 같아요. 처음 헬기 조종
  을 배웠을 때 어려운 점은 없었나요?

A. 저는 도전이나 모험을 좋아해서 특별히 무섭지는 않았던 것 같
  아요. 보통 헬기 조종사를 지원하는 친구들은 무서워하지 않고
  요. 고소공포증이 있다거나 조종하는 것이 두려운 사람들은 아
  예 지원 자체를 안 하게 되죠.

Q. 헬기 조종사는 어떤 일을 하게 되나요?

A. 헬기 조종사는 주로 VIP 인원 공수, 화물 공수, 의무 후송 등의 일을 하게 됩니다. 그리고 패스트로프, 레펠 훈련 등의 일을 하기도 하고, 산불을 진화하기도 하지요.

Q. 군인이 꿈인 친구들은 어렸을 때부터 어떤 것들을 준비하면 좋을까요?

A. 우선, 운동을 좋아하면 좋아요. 태권도를 비롯해서 운동을 꾸준히 하면 좋고요. 군에 도움이 되는 자격증을 미리 취득해 놓으면 좋겠지요. 이를테면 한자 검정 능력 시험을 봐도 좋고, 토익이나 텝스 등의 영어 점수를 받아도 좋고요. 컴퓨터 활용 능력 시험, 워드프로세서 등의 컴퓨터 관련 자격증을 따는 것도 좋습니다. 그리고 본인이 원하는 병과 관련 자격증을 취득하는 건데, 병과는 보병, 포병, 기갑, 정보, 의정, 항공, 병참 등 많이 있어요. 필수사항은 아니고 갖고 있으면 면접에서 유리하겠지요. 항공병과 같은 경우에는 비행 교육을 시켜 주기 때문에 따로 자격증이 필요하지는 않아요. 영어는 거의 필수이고 공통이기 때문에 영어 공부를 열심히 하면 좋아요.

Q. 정년은 언제까지인가요?

A. 정년은 연령·근속·계급 정년으로 나뉩니다. 상황에 따라 정년이 다 달라진다고 할 수 있죠. 나이로만 따지면 40대에 전역

하시는 분들도 계시고, 50대에서 60대 사이에 전역하시는 분들
도 계세요.

Q. 군인 연봉은 어느 정도 되나요?

A. 어떤 계급으로 시작하느냐, 어떤 임무를 맡고 있느냐에 따라
조금씩 다를 수 있습니다. 평균적으로 하사의 경우 2,500만 원
정도 되고, 소위의 경우 2,800만 원, 저 같은 소령의 경우 약
7,000만 원 정도 됩니다. 군인 봉급표를 참고하시면 제일 잘 알
수 있어요.

Q. 여군의 비율은 어느 정도이며 앞으로 많이 늘어날 전망인가요?

A. 국방부 발표에 따르면 현재 여군은 전체 군인 중 5.5%로, 우
수한 여성 인력이 군에 더 많이 진출할 수 있도록 여군 비율을
2022년까지 8.8%로 확대한다고 합니다. 그리고 여군 간부 초
임 선발 인원을 2,250명까지 늘릴 계획이라고 하네요. 또 지상
근접 전투 부대(GOP 및 해 · 강안 경계 담당 대대 등)에서 중 ·
소 · 분대장을 차별 없이 맡도록 확대한다고 하고요. 앞으로 더
많은 여성이 군인으로서 다양한 방면에 진출할 수 있을 거라고
생각합니다.

Q. 군대 내에서 남녀 차별이 심하지는 않나요?

A. 남녀 간에 가장 평등할 수 있는 곳이 군대라고 생각합니다. 계

급에 의해 움직이기 때문에 남녀가 더 평등하게 자신의 직급에서 일할 수 있는 구조입니다. 일반 회사나 사회에서는 여자이기 때문에 불이익을 당하고 차별을 당하는 경우가 많지만 군대 내에서는 오히려 여군을 불평등하게 대우하지 않기 위해 노력하는 분위기입니다.

Q. 우리 친구들에게 해 주고 싶은 말씀이 있다면요?

A. 자신이 진정으로 원하는 삶을 살기 바랍니다. 나의 인생은 한 번밖에 없습니다. 그리고 지금 그 청춘은 그 시기밖에 없습니다. 그러니 남의 말에 휘둘리거나 남의 시선을 신경 쓰면서 살지 마세요. 하고 싶은 것을 하면서 다양한 경험을 해 보세요. 군인이 되고 싶은 학생들 역시 자신만의 길을 가기 위해 쉽지 않은 길을 선택했다고 할 수 있습니다. 이 역시 자신의 삶에 좋은 경험이 될 것입니다. 포기하지 않으면 무조건 됩니다. 그리고 군인은 사명감이 필요한 직업입니다. 멋있어 보인다고 선택할 것이 아니라 나라를 지키는 사명감과 품위를 갖추어야 한다는 걸 기억하시기 바랍니다.

일 좀 하는 언니들 이야기

자연을 살려야
우리도 살 수 있어

_환경운동가
김영란

환경운동가 자연환경 보호, 유해물질 사용 금지, 생태계 보전 등을 목표로 사회 활동을
하는 사람들이다. 각종 캠페인을 통한 시민 참여를 유도하기도 하고 교육 및 체험 활동
을 통한 정책 제안을 한다. 그리고 비판 및 대안 제시, 모니터링 등의 활동을 하게 된다.

"빛을 퍼뜨릴 수 있는 두 가지 방법이 있다. 촛불이 되거나 또는 그것을 비추는 거울이 되는 것이다." - 이디스 워튼

얼음이 녹으면 북극곰이 울어요

어느 초등학교 시험 문제 중에 "얼음이 녹으면 ○○이 된다"라는 질문이 있었다. 빈 칸에 넣을 답을 써야 하는 문제였다. 그런데 이 문제를 본 한 학생이 '○○이 된다'라는 질문 자체를 지우고 "북극곰이 울어요"라는 답을 썼다. 훌륭한 선생님이었으면 아마 그 답을 맞는 답으로 채점했을 것이다. 질문 자체를 수정할 수 있는 용기와 창의성까지 갖추었을 뿐만 아니라 전 세계가 직면해 있는 문제까지 알고 있는 의식 있는 학생이기까지 하니 동그라미 하나 그려 주면서 칭찬했어야 마땅하다. 내가 선생님이었다면 그릴 수 있는 최고로 큰 동그라미를 그려 주었을 것이다.

날이 갈수록 지구 온난화가 심해져 북극곰이 더는 살아갈 수 없을 정도로 얼음이 녹고 있고, 물이 오염돼서 기형 물고기가 발견되기도 한다. 난개발로 인해 동물들이 살아갈 터전을 잃어 가며, 넘쳐나는 재활용 쓰레기를 수입하는 나라들까지 있다. 또한 중국에서 불어오는 미세먼지로 인해 매일매일 미세 먼지 농도를 체크하지 않으면 외출이 힘든 지경이 됐다. 언젠가는 미세 먼지가 온 인간과 마을을 뒤덮어 미세 먼지로 굳은 인간 화석이 생겨날지도 모를 일이다.

지금 이대로 가다가는 북극곰만 우는 게 아니라 전 세계의 동물들

에 이어 인간들까지 모두 우는 세상이 닥치는 건 아닌지…… 죽어 가는 지구 앞에서 울지 않고 웃으면서 더 건강하게 살기 위해서는 우리 각자가 환경운동가가 되어야 한다. 집에서 할 수 있는 작은 일부터 실천할 수 있어야 한다.

김영란 환경운동가는 가정에서 쓰레기를 분리 배출하고, 일회용 비닐봉지 대신에 장바구니를 사용하고, 전기 등의 에너지를 아끼는 일에서부터 환경운동을 실천할 수 있다고 한다. 그리고 자연식을 먹는 것도 도움이 된다고 한다. 품종 개량을 많이 하거나 가공을 많이 한 식품들은 첨가물이 많아서 건강에도 해로울 뿐만 아니라 만드는 과정 역시도 환경을 해치는 경우가 많기 때문이다.

그녀를 비롯한 많은 환경운동가들의 수고와 노력이 더 가치 있게 다가오고, 그들의 활동과 목소리가 더 의미 있게 느껴지는 시대에 살고 있다. 그런데 정작 사람들은 그들이 말하고 주장하는 것을 외면하며 살고 있는 건 아닐까? 그들의 목소리에 귀 기울이고 그들의 활동에 관심을 갖는 것이 환경운동을 실천하는 첫걸음이지는 않을까?

김영란 환경운동가는 20년 가까이 환경 보호를 위해, 죽어 가는 환경을 되살리기 위해 일하고 있다. 그녀는 환경운동가가 되기 전, 신문사에서 편집 일을 했다. 그런데 회사 생활은 수직적인 구조였으며, 비합리적이라고 여겨지는 경우도 많았다. 게다가 여성들에 대한 편견도 있었다. 처음에는 일이 재미있기도 했지만, 하나하나 물어보면서 일을 해야 하고 지시를 받는 것들 중에는 쉽게 납득되지 않는 일이 많았다고 한다.

당시에 직장 일을 하면서 자원봉사도 하고 있었는데, 직장 일에 점점 흥미를 잃기도 했고 자원봉사에 좀 더 집중해 보고 싶은 생각이 들었다고 한다. 특히 그동안 자원봉사를 같이하던 사람들과 재미있게 일할 수도 있을 것 같아 본격적으로 환경운동을 직업으로 삼아 일하게 됐다.

그녀는 처음에 일회용 비닐봉지를 사용하지 않는 '장바구니 들기' 운동에 집중했다. 백화점과 환경부에 일회용 비닐봉지를 무상으로 나누어 주지 말고 유상으로 판매하자는 제안을 했고, 그 결과 일회용 비닐봉지 사용을 많이 줄이게 됐다고 한다. 예전에는 대형 마트나 슈퍼마켓에서 돈을 받지 않고 그냥 비닐봉지를 주었는데 어느 날부터 돈을 받기 시작한 게 그녀를 비롯한 많은 환경운동가들의 노력과 제안 때문이라는 걸 알게 되었다.

얼마 전 뉴스에서 커피숍 근처에 테이크아웃 컵들이 버려져 있는 걸 보도한 적이 있었다. 미처 다 먹지 않은 커피가 담긴 컵들이 길가에 널려 있고, 쓰레기봉투에는 빈 테이크아웃 컵들이 가득 차 있었다. 그런데 커피숍에서는 머그잔을 이용할 경우에 직원 한 명을 더 고용해야 하므로 인건비가 많이 나간다는 어려움을 호소하고 있었다.

김영란 환경운동가 역시 이런 문제점을 일찌감치 깨닫고 커피 전문 매장에서 음료를 테이크아웃할 때 컵 보증금을 받게 해 일회용 컵이 회수되도록 하고, 매장 안에서는 다회용 컵을 사용하게 하는 일을 2000년 초에 시작했다. 그런데 그때 더 강력하게 주장하며 운동하지 못한 것이 가끔 후회된다고 한다. 여전히 일회용 컵을 이용하는 게 당연시되고 있는 현실이 너무 안타깝다고 한다.

2018년 8월부터 매장 안에서 음료를 마실 때는 테이크아웃 컵을 사용할 수 없게 됐다. 환경을 지키려는 많은 사람들의 노력 덕분에 이런 제도가 마련되었을 것이다. 일회용 컵을 사용하지 않기 위해 개인 텀블러를 가지고 다니면서 커피를 산다든지, 집에서 커피를 아예 싸 가지고 다니면서 마시는 등 일상에서 환경운동을 실천하고 있는 사람들도 많았다. 이렇듯 환경운동은 거창한 일이 아니라 생활 속에서 작게 실천하는 것만으로도 충분할 수 있다. 개개인의 힘은 약하지만 그것이 모였을 때는 큰 힘이 되기 때문이다.

내가 하는 일이 결코 도움이 되지 않을 거라고 생각하면 우리는 어떠한 행동도 하지 않게 된다. 환경운동가들의 조언에 따라 아무리 하찮아 보이는 실천이라도 하게 된다면 죽어 가는 지구를 충분히 살려 낼 수 있을지도 모른다. 아무 일도 하지 않으면 아무런 결과도 바랄 수 없다. 하지만 무엇이라도 하게 되면 최소한 가능성이라도 생긴다. '나 하나쯤이야'라고 생각하기보다 '나라도 해야지'라는 생각을 한 사람이라도 더 하게 된다면 우리는 죽어 가는 지구가 아니라 점점 살아나는 지구에서 살게 되지 않을까.

누구나 자연 속에서 살아가

1990년대에는 많은 대학생들이 시골로 농촌 활동을 가곤 했다. 나역시 대학생이었을 때 시골로 농촌 활동을 간 적이 있다. 시골에는 어르신들만 있는 동네가 많기 때문에 젊은이들의 일손이 도움이 되곤 한다. 그곳에서 고추도 따고 밭일도 도왔다. 첫날밤에 친구들과 하늘을 올려다봤는데 눈이 부시도록 많은 별들이 머리 위에서 빛나고 있었다. 아름다운 밤하늘에 흠뻑 취해 우리는 말도 하지 않고 아주 오랫동안 하늘을 올려다봤다. 서울에서는 그런 하늘을 보기가 힘들다. 서울에서만 자란 아이들은 머리 위로 하늘의 별들이 무수히 떨어진다는 말의 의미를 결코 이해할 수 없을 것이다.

아주 옛날에는 서울에서도 이런 하늘을 많이 볼 수 있었다. 우리 사이에 낭만이 사라지게 된 것은 별이 사라지는 것과 비례하는 건 아닐까. 서울에서의 삶이 점점 삭막해지는 이유는 우리 곁에 낭만이 사라졌기 때문이고, 이런 낭만을 주는 자연이 점점 사라지기 때문인 건 아닐까.

우리가 살고 있는 지구는 우리만 사는 게 아니라 다른 동물들도 함께 산다. 자연은 인간만이 누릴 수 있는 권리를 가진 게 아니라 다른 생명체들 또한 마땅히 누려야 하는 공유재이다. 호주의 태즈메이니아섬에는 늑대호랑이(태즈메이니아타이거)라고 불리던 동물이 있었다. 그들이 사는 곳을 사람들이 개발하기 시작하자 이 동물들은 사람이 사는 곳까지 내려와 양들을 잡아먹었다. 이에 격분한 사람들은 늑대호랑이들을 모조리 죽여 버렸다. 사람이 먼저 그들의 터전을 침범했으면서 말이다. 동물원에 마지막 남은 한 마리가 죽자 지구상에서 늑대호랑이는 자취를 감추게 됐다. 요즘은 유전자 재취를 해서 이 늑대호랑이의 복제를 시도하고 있다고 한다. 어쩌면 앞으로는 희귀한 모든 동물들을 복제를 통해서만 만나게 될지도 모른다.

좀 더 빨리 가기 위해 산에다가 몇 개의 터널을 만드는 일, 작은 동산들을 없애고 새로운 구조물을 짓는 일이 너무 빨리, 너무 많이 일어나고 있다. 강남순환고속도로를 만든다며 관악산과 우면산에 터널을 뚫는다고 했을 때 많은 사람들이 그것을 막기 위해 애를 썼다. 김영란 환경운동가는 이를 막지 못했던 일이 가장 힘들었다고 한다.

4대강에 보를 만들어 물을 가두는 것을 봤을 때도 마음이 아팠다고 한다. 4대강 녹조를 보면서 녹조라떼라고 자조 섞인 웃음을 짓는 사람들이 있다. 강은 우리가 마시는 물과 직결돼 있기 때문에 반드시 지켜야 하는데 어떻게 하면 강을 살릴 수 있을지 방법을 알아내지 못해 다들 발만 동동 구르고 있는 느낌이다.

환경운동가로서 자신이 막고자 했던 일들이 눈앞에서 벌어지는 걸 봤을 때 그녀는 괴롭기도 하고 자괴감에 빠지기도 할 것이다. 하지만 자신이 추구하는 바를 이루고 소중히 여기는 걸 지켰을 때의 보람은 그보다 훨씬 더 클 것이다. 그녀는 직접 석면 행정소송을 제기해 이긴 적이 있다고 한다. 그 결과로 석면에 대한 정보들, 이를테면 석면의 양, 제거 작업의 방법, 공사 동안의 모니터링 내용 등을 일반 시민들에게도 공개되도록 했다. 그 일이 환경운동가로서 한 일 중 가장 기뻤다고 말한다.

아인슈타인은 "꿀벌이 사라지면 4년 안에 인간도 멸종할 것이다"라고 예언한 바 있다. 이는 인간도 생태계 안에 살고 있는 생물 중 하나라는 사실을 보여 주는 가설이다. 우리는 자연의 일부로서 자연 안에서 살아간다. 우리가 무가치하게 여기는 생물 하나하나가 그냥 존재하는 게 아니고, 우리의 삶 역시 그들의 삶과 밀접히 연관돼 있다. 꿀벌이 사라지면 그것으로만 끝나는 게 아니라 인간의 삶으로까지 이어질 정도로 말이다.

환경을 지켜야 우리의 삶도 지킬 수 있어

한때 이런 공익 광고가 있었다. "내 차가 더러워질까 봐 우리나라에 버렸습니다. 내 배낭이 무거워질까 봐 우리나라에 버렸습니다. 내돈 드는 것이 아까워 우리나라에 버렸습니다." 내 차 안이 더러워질까 봐 담배꽁초를 길바닥에 버리고, 내 배낭이 무거워질까 봐 산에다 쓰레기를 버리는 등 우리는 결국 우리가 살고 있는 대한민국을 더럽히고 망치는 일들을 스스럼없이 하고 있다.

내가 생활하는 내 집을 함부로 더럽히지 않는 것처럼, 우리나라와 지구 역시 함부로 더럽힐 수 없다는 생각을 가져야 한다. 그리고

일 좀 하는 언니들 이야기

우리가 가진 자원이 유한하지 않다는 걸 지각하고 그것을 나 혼자만이 아니라 온 세상 사람들이 같이 나누어야 한다는 것도 잊지 말아야 한다.

김영란 환경운동가는 사람들의 사고방식이 바뀌는 게 가장 중요하다고 말한다. 그래서 재활용, 석면 등 환경 보건 문제, 생태 · 에너지 문제 등 환경 교육에 치중했다. 그러다가 2011년 후쿠시마 원전 사고 이후 에너지 문제에 집중하게 됐다. 우리는 하루 한 시간도 전기 없이는 살 수 없는데, 이 전기를 안전하고 깨끗하게 만들어야 한다는 생각을 가지게 되었다고 한다. 전기를 사용하는 것뿐만 아니라 이를 만들고 나누는 방식에도 시민들이 참여하고 기여해야 한다는 생각에 요즘은 학교나 공공건물 위에 시민들이 공동 출자로 참여하는 햇빛발전소 만들기 운동을 하고 있다.

태양광 발전은 발전 시스템을 이용해서 태양의 빛 에너지를 전기로 바꾸는 것이다. 대기 오염이나 폐기물이 발생하지 않고, 무한히 사용할 수 있는 장점이 있다. 이 외에도 지열 에너지, 해양 에너지, 태양열 에너지, 바이오 에너지 등의 신재생 에너지를 지속적으로 이용할 수 있도록 개발하고 환경과 조화를 이룰 수 있도록 발전시키려는 노력들이 이어지고 있다. 자연을 파괴하지 않으면서도 계속해서 전기를 생산할 수 있는 방법에 대한 연구들이 많이 이루어지고 있다.

그녀는 강남햇빛협동조합 이사장으로서, 전국시민햇빛협동조합연합회 상임이사로서 이렇게 지속 가능한 햇빛발전소 만들기 운동을 펼치고 있다. 그리고 녹색의 가치를 더 잘 나눌 수 있는 방법들을 찾기 위해 환경 및 에너지 모임 등을 돕고 있다. 무한한 햇빛이나 바람 등을 이용해 재생 에너지를 생산하고, 이러한 에너지를 전기가 없어 힘들어하는 제3세계 국가와 나누는 것이 그녀의 목표이자 꿈이라고 한다.

환경 문제는 나와 내 나라만의 문제가 아니라 전 세계가 함께 고민하고 해결해야 할 문제다. 따라서 환경운동가들 역시 국제적인 교류를 통해 그들의 역할과 활동 분야를 넓혀 나가야 할 필요가 있다. 국제적으로 서로 돕고 협력해서 이루어야 하는 부분이기 때문에 자연을 사랑하는 것은 물론이고 활동적이면서도 국제적인 감각을 가진 친구들에게 잘 맞는 분야이다.

그녀는 역사를 공부했던 역사학도였다. 환경운동과는 전혀 관계가 없어 보이는 학과를 전공했지만, 자연이 우리 생활 전반과 밀접한 연관이 있다고 생각한 그녀가 환경에 관심을 갖게 된 건 너무나도 자연스러운 일이었다. 환경운동을 한 지 10년이 지났을 무렵, 그녀는 도시와 농촌 간의 교류 방법을 고민하다가 경제학 공부를 시작했다. 석사 과정에서는 해외에서 수입하는 농산물이 유발하는 이산화탄소 배출 등에 대한 연구를, 박사 과정에서는 로컬푸드 교류 및 활성화 등에 대한 연구를 하였다.

어떤 일을 오래도록 하게 되면 자칫 지칠 때도 있고 매너리즘에 빠질 때도 있다. 에너지가 소진되었을 때는 돌파구가 필요하다. 이럴 때 새로운 걸 배우거나 새로운 일에 도전하는 것은 활력을 불어넣어 주고 새로운 힘을 부여해 주기도 한다. 그녀 역시 한 분야에서

일 좀 하는 언니들 이야기

10년 동안 일하면서 지쳐 갈 때쯤 새로운 공부를 하게 됐다. 비록 나이 들어 하는 공부가 쉽지만은 않았을 테지만, 그녀가 경제학박사라는 학위를 얻고 새로운 방법으로 환경운동에 접근을 시도하는 중요한 계기가 되었던 것이다.

가치 있는 일을 통해 나의 가치를 발견해

나는 대학생이던 시절 시민 단체에서 봉사 활동을 한 적이 있다. 시민운동을 하던 사람들은 정말 적은 월급을 받으면서도 열정을 다해 일하고 있었다. 때로는 '저 돈을 받고 어떻게 일을 할 수 있을까' 하는 생각이 들 정도로 적은 돈을 받으면서도 몇 년째 그 일에 몰두하고 있는 사람을 본 적이 있다. 그들보다 몇 배나 더 높은 연봉을 받고도 마지못해 일하는 사람들과는 대조적인 모습이었다. 동료들과 함께 나눠 먹기 위해 아이스크림을 봉지에 담아 들고 오는 모습마저도 천진난만했으니 말이다.

김영란 환경운동가 또한 적은 돈을 받고 일한 건 마찬가지였다. 그럼에도 불구하고 환경운동을 20년 동안이나 할 수 있었던 건 보람 있고 가치 있는 일을 하고 있다는 신념과 자부심이 있었기 때문이다. 또한 하고자 마음만 먹으면, 자기 힘으로 할 수 있는 일을 얼마든지 찾아내고 새로운 영역을 만들어 낼 수 있었기 때문이다. 환경 문제와 관련한 다양한 주제의 내용을 알아야 하기 때문에 어려울 때도 있지만, 그래서 더 많이 공부하며 더 많이 알아 갈 수 있는 직업이다. 그리고 각기 다른 직업들을 가지고 있지만 뭔가 보람 있는 일을 하고 싶은 사람들이 함께 일할 수 있도록 서로 연결해 줄 수도 있다고 한다. 다양한 분야를 알기 위해 공부를 해야 하는 게 버거울 때도 있고, 많은 사람들을 만나야 하는 게 내성적인 그녀에게는 때론 부담스럽게 느껴질 때도 있다고 한다. 하지만 그런 과정을 통해서 깨닫는 것도 많기 때문에 그만큼 의미 있는 직업이라고 말한다. 또한 새로운 주제와 방향에 대해 같이 고민하는 사람들과 교류하면서 환경에 대한 것뿐만 아니라 인생에 대해서도 배울 게 많다고 한다.

우리는 가끔 돈이 우리의 가치를 증명해 주고 행복을 보장할 수 있을 거라고 생각하지만, 돈에도 가치가 담겨 있지 않으면 쓸모없는 하찮은 물건과 똑같다. 나의 의식 수준이 바닥이면 아무리 명품으로 치장하고 비싼 차를 타고 다녀도 내 가치가 높아지지는 않는다.

내가 선택하는 직업 역시도 건강한 가치관이 담겨 있지 않고 어떤 의미도 부여하지 못한다면 그것은 그냥 돈벌이 수단이 될 뿐이다. 자신의 일을 통해 결코 기쁨이나 보람을 느낄 수는 없을 것이다. 사람은 좋아하는 일을 할 때 심장이 뛰고 살아 있음을 느낀다. 내가 좋아하는 일이 돈도 많이 버는 일이라면 더할 나위 없이 좋겠지만, 그렇지 않다고 하더라도 내 심장을 뛰게 하는 일이라면 살아가는 순간순간이 가치 있다고 여겨질 것이다.

그녀는 비록 많은 돈을 벌면서 일하지는 못했지만 우리나라를 더 살기 좋은 나라로 만들기 위해, 그리고 이 세상을 좀 더 아름답게 만들기 위해 힘을 쏟았다. 자연을 사랑하고 지키며 회복시키겠다는 일념 하나로 일해 왔다. 그렇게 그녀는 단순히 직업인으로서가 아니

일 좀 하는 언니들 이야기

라 의미 있는 일을 통해 자신의 가치관을 지키는 일을 해 온 것이다.

상담을 하다 보면 학생들이 선호하는 직업은 연봉이 높은 직업이라는 걸 알 수 있다. 우선 돈을 많이 버는 일보다 앞으로의 전망이 좋은 직업, 내가 잘하고 또 좋아하는 일을 선택하라고 조언을 해도 학생들은 조금이라도 연봉이 높은 직장을 선택하곤 했다. 물론 자본주의 사회에서 돈은 중요하지만 돈만 보고 직업을 선택했다가는 그냥 돈 버는 기계로 전락할 수 있다. 물질적으로 나를 충족시키는 것도 중요하지만, 사회적으로 또 심적으로 나를 충족시키는 것도 중요하다. 그녀가 환경운동을 오랫동안 할 수 있었던 이유는 그 일이 자신이 중요하다고 여기는 가치와 신념, 그리고 내면을 충족시켜 주었기 때문이다.

요즘은 젊은 사람들 중 한 직장에 오래 머물러 있는 사람이 드물다. 돈 버는 일 자체가 지극히 힘든 일이기도 하지만, 자신이 하고 있는 일에서 어떤 좋은 점도 찾지 못했기 때문일 수도 있다. 내가 좋아하는 일을 선택하는 것도 중요하고, 선택한 직업을 계속 좋아할 수 있을지 따져 보는 것도 중요하다.

그녀는 어렸을 때 겁이 많고 조용하고 부끄러움이 많은 아이였으며, 지금도 여전히 벌레와 동물이 무섭다고 한다. 이러한 성향의 그녀가 그 모든 걸 극복하고 여전히 환경운동가인 이유는 자신의 성향까지도 뛰어넘을 수 있는 가치를 그 일에서 발견했기 때문일 것이다. 벌레와 동물이 무섭지만 살려야 한다고 다짐했을 것이다. 예전에는 소극적이고 순종적이었지만 지금은 부당하다고 생각되는 일이 있으

면 앞장서서 주장하고 행동할 정도로 그녀는 자신의 기질과 성격까지도 극복하면서 환경운동가로서 열심히 일하고 있다.

그녀는 가치 있는 일을 통해서 자신의 가치를 발견해 나가고 있다. 우리에게도 나의 심장을 뛰게 할, 나의 존재를 빛나게 해 줄 일과 꿈 하나쯤은 있지 않을까? 지금 당장 그런 꿈이 나에게 나타나지 않더라도, 어떻게 하면 일을 통해 내가 빛날 수 있을지 모르겠더라도 좌절할 필요는 없다. 내가 모르는, 혹은 알지만 모르는 척하는 나의 꿈들을 향해 마음의 문만 활짝 열어 놓는다면 언젠가 꿈이 먼저 그 문을 두드려 줄 테니까.

일 좀 하는 언니들 이야기

환경운동가 김영란 언니에게 물어봐!

Q. 환경운동을 하는 사람들은 월급이 많지는 않을 것 같아요. 그럼에도 불구하고 이 일을 계속 하는 이유는 무엇인가요?

A. 급여가 그렇게 많지는 않아요. 그리고 너무 많은 주제의 내용을 알아야 하기 때문에 어렵기도 해요. 그렇지만 정말 보람 있는 일이고, 내가 할 수 있는 일을 찾아서 할 수 있어요. 다른 직업을 가지고 있지만 무언가 보람 있는 일을 하고 싶은 사람들끼리 연결할 수도 있고, 그들과 함께 보람된 일을 같이할 수도 있어요. 부담도 되지만 많은 일을 배울 수 있고 새로운 주제와 방향에 대해서도 같이 고민하는 사람들과 만나고 교류할 수도 있어요. 그 과정에서 인생의 의미도 배울 수 있게 되죠. 그만큼 가치 있는 일이라고 생각해요.

Q. 환경운동가가 되는 과정이 궁금해요.

A. 본인이 하고 싶은 내용과 맞는 단체들이 있을 거예요. 자신이 하고자 하는 내용과 방향에 맞는 단체들을 선택해 인턴 등의 경험을 할 수 있고요. 많이는 아니지만 각 단체에서는 활동가들을 뽑으니까 지원해서 일할 수 있어요. 중고등학교 및 대학교 동아리 활동을 통해서 참여하거나 기타 봉사 활동을 통해서 일하다 보면 기회가 올 수도 있고요. 큰 단체들도 있지만, 요즘 추세는 모든 이슈를 한꺼번에 다 다루기보다 주제를 좁혀 다루는 작은

단체들이 늘어나고 있는 추세입니다.

Q. 환경운동가가 되면 외부 활동이나 신체적인 활동이 주를 이루는 건가요?

A. 꼭 그런 것만은 아니에요. 시민 참여 유도 캠페인, 교육 및 체험 활동 등은 외부 활동이지만, 정책 제안 및 모니터링(비판 및 대안 제시), 프로그램 개발 등의 일도 하게 됩니다.

Q. 환경운동가로서 지금 하고 계신 일들을 소개해 주세요.

A. 처음에는 일회용 비닐봉지를 사용하지 않고 장바구니 드는 운동에 집중했어요. 환경에 대한 사람들의 생각과 인식이 바뀌는 것이 가장 중요하다고 생각했기 때문에 재활용, 석면 등 환경 보건 문제, 생태 · 에너지 문제 등 환경 교육에 치중했고요. 그러다가 2011년 후쿠시마 원전 사고 이후 에너지 문제에 집중하게 되었어요. 요즘은 학교나 공공건물 위에 시민들이 참여해 햇빛 발전소를 만드는 운동을 하고 있습니다.

Q. 대표적인 환경운동 단체에는 어떤 단체들이 있나요?

A. 그린피스, 지구의 벗, 월드와치, 환경운동연합, 녹색소비자연대, 녹색연합 등이 있습니다.

Q. 어떤 친구들이 환경운동가가 되면 좋을까요?

일 좀 하는 언니들 이야기

A. 환경에 관심이 많고 자연을 사랑하는 친구들이라면 누구나 환경운동가가 될 수 있다고 생각해요. 활동적인 일을 좋아하고 감시·비판을 잘하는 친구들에게도 좋은 직업이 될 수 있어요. 문제 해결을 위해 체계적으로 생각할 줄 아는 논리적 분석력이 필요하며, 여러 사람과 함께 일을 해야 하기 때문에 사교성이 요구되기도 해요. 그리고 자신의 일에 가치를 더하고 싶은 친구들이라면 더욱 더 의미 있는 일을 할 수 있는 분야이기도 하고요.

Q. 우리 친구들에게 어떤 말씀을 해 주고 싶으세요?
A. 자신이 좋아하는 일을 찾으려 노력하고 자신의 소리에 귀 기울이세요. 그렇게 되면 즐겁게 살아갈 수 있습니다.

Part 2

재미있는 일이
가장 특별한 일
일 거야

성공하는
그녀가 되자

_ 성공 역량 연구가

오민아

성공 역량 연구가 각 개인 내에 잠재된 역량과 강점을 발견하고 연구해서 각 개인에게
맞는 교육과 전략 및 프로그램을 적용하여 성공을 끌어낸다. 창업 및 취업 교육과 리더
십 교육, 업무 성공 역량 교육, 창의 융합 인재 양성을 위한 진로 교육 등을 통해 사람들
의 잠재력을 끌어내는 일을 한다.

"목표에 다가갈수록 고난은 더욱 커진다. 처음에는 깨닫지 못했던 문제들이 선명하게 보이는 때, 이때가 바로 목표가 현실로 다가오는 시기이다. 성취라는 것은 우리 곁으로 가까이 올수록 더 큰 고난을 숨기고 있다." - 괴테

모든 성공은 실패를 담고 있어

이루어진 모든 것들, 발명된 모든 것들과 발견된 모든 것들은 실패를 기초로 한다. 실패에 실패를 더한 후에야 성취하게 된다. 에디슨의 연구들이 그러했고, 괴테의 문학 작품들 역시 그랬다. 우리가 잘 알고 있는 월트 디즈니도 어린 시절 너무나 가난했고, 실패를 거듭하던 시절이 있었다. 처음 회사를 설립했던 당시에도 힘들기는 마찬가지였고, 실패를 거듭한 끝에 미키마우스를 탄생시켜 오늘날의 디즈니를 이루었다.

실패의 힘을 역설하는 책들은 넘쳐난다. 그것이 우리를 얼마나 더 큰 사람으로 성장시키고, 그것을 발판 삼아 우리 안에 얼마나 큰 힘이 생겨나는지를 강조하는 사람들도 많다. 우리가 알고 있는 대부분의 유명한 사람들은 성공에 성공을 거듭한 사람들보다 실패에 실패를 거듭한 후 마침내 무언가를 이루어 낸 사람들이 훨씬 더 많다. 그렇다면 우리 안에 여러 번의 실패와 단 한 번의 성공만 있더라도 성공했다고 정의할 만한 인생이 되는 것이다. 우리 안에 어떤 성공의 씨앗들이 있는지 발견하고, 나의 실패가 단순히 실패로 끝나지 않고

성공의 역사를 이루어 줄 자양분임을 믿는다면 언젠가는 우리가 바라던 바를 이루게 될 것이다.

항상 '성공하는 내'가 되기를 꿈꾸었던 '성공역량연구소'의 오민아 대표는 개인의 성공 역량에 대해 연구하고 교육하는 말 그대로 성공 역량 연구가이다. 그런 그녀에게도 실패의 역사는 있었다. 어렸을 때 아나운서가 되기 위해 TV에서 뉴스를 전달하는 아나운서를 보며 따라 했고, 책을 읽을 때도 소리 내어 또박또박 읽었다고 한다. 비록 그녀는 아나운서라는 꿈을 이루지는 못했지만, 그때의 훈련 덕분에 아나운서 못지않게 말하는 방법을 터득하고 그것을 강의하고 교육하는 데 적용하고 있을 것이다. 그녀가 말하는 것을 듣고 있으면 목소리도 좋을 뿐만 아니라 말도 조리 있게 잘하고, 외모 또한 아나운서 같은 인상을 풍기고 있음을 느끼게 된다.

실패는 그냥 실패로서만 끝나는 게 아니다. 지금 당장은 실패했다고 생각되지만 그것이 다른 길을 열어 주기도 하고, 실패의 경험으로 인해 다른 분야에서 실력 발휘를 하게 될 수도 있다. 그리고 자신이 원했던 특정한 직업을 갖지 못했다고 해서 그것이 결코 실패한 인생을 의미하는 것도 아니다. 좌절과 실패는 언제나 우리가 꽃을 피우는 데 필요한 비료의 역할은 충분히 할 것이기에 그것만으로도 얼마든지 다른 종류와 다른 크기의 열매를 맺을 수 있다. 오늘의 경험 하나하나가 쌓여 미래에 영향을 미치고 미래를 만들어 가는 거니까.

그녀는 어렸을 때부터 활동적인 성향의 아이였고, 여러 사람 앞에서 발표하기를 즐겼다. 소풍 때나 학교 행사가 있을 땐 사회자의 역할을 도맡아 했다. 웅변대회나 학교별 대회가 있을 때면 항상 참가하는 걸 즐겼다고 한다. 이런 그녀의 성향은 아나운서라는 직업에만 국한되는 것은 아니다. 자신의 장점을 살리기 위한 직업으로 단지 아나운서를 선택한 것일 뿐이다. 내가 가진 하나의 장점이 한 가지의 직업에만 부합하는 게 아니라 다양한 직업으로 이어질 수 있다. 나의 장점을 발휘한다는 사실 자체가 중요하지 그게 어떤 분야인지는 그다지 중요하지 않을 수도 있다.

비록 아나운서는 되지 못했지만 그녀는 자신의 강점을 살려 강사의 길을 걸었다. 그러다가, 만 26세에 영어 학원을 오픈하여 3년여 만에 500명 이상의 학생들을 가르치게 됐다. 이후에도 약 8년여 정도는 꾸준히 학생 수가 증가하면서 2호점까지 운영하기에 이르렀다. 그런데 학령 인구 감소와 정부의 사교육 완화 정책들로 인해 학생 수가 감소하면서 슬럼프에 빠지게 됐다. 그녀에겐 너무나 큰 좌절이었다. 그녀는 잘나가던 학원이 갑자기 어려워지자 많은 혼란을 겪었지만 거기서 그냥 좌절만 하고 있지는 않았다. 프로그램을 재정비하여 구축하면서 다시 일어섰고, 실패를 기회로 만들어 지금까지도 학원을 꾸준히 잘 운영하고 있다. 좌절한 채 다시 일어서지 않았다면 그녀는 그냥 학원을 운영하다가 실패한 사람에 불과했을 것이다.

한 사람의 역사에는 무수한 실패의 역사도 있을 것이고 무수한 성취의 역사도 있을 것이다. 물론 실패의 경험보다 성취의 경험이 더 많다면 행운이겠지만, 우리를 훌륭한 사람으로 만들어 주는 건 부유한 집에서 태어나 고생 한 번 해 보지 않는 삶을 사는 게 아니라 인생이 우리에게 던져 주는 무수히 많은 질문 앞에서 좌절하지 않는 것이다. 모진 바람과 풍랑에도 돛대를 놓치지 않고 버틸 수 있는 힘을 기르는 것이다.

하나의 성공에는 틀림없이 실패가 담겨 있다. 지금 당장 어떤 걸 이루었더라도 앞으로 또 다른 실패의 역사를 쓸 수도 있다. 지금 내가 갖지 못한 것은 실은 내게 필요 없는 경우도 많다. 때로는 실패를 하는 것이 더 좋은 걸 갖기 위한 과정 중의 하나인 경우도 있다. 우리 삶의 여정 가운데는 좋은 것과 나쁜 게 수시로 찾아든다. 그러니까 아직 삶의 여정이 다 끝나지 않은 시점에서 우리의 실패와 성공 자체를 섣불리 논할 수 없다.

시간이 한참 지난 후 생각해 보면, '아, 내가 이렇게 되려고 그때 그 일이 잘 안 됐던 거였구나', '내가 오늘 이런 일을 하려고 그때 그 시험에는 떨어졌구나' 안도하게 될 때가 있다. '전화위복', '새옹지마' 등의 4자 성어는 그야말로 선조들의 이런 경험이 너무나도 잘 반영된 말이며, 우리에겐 이것을 크게 경험할 때가 분명히 찾아올 것이다.

고민될 때는 재미있는 일을 찾아

가끔 학생들은 좋아하는 걸 해야 하는지, 잘하는 걸 해야 하는지 묻는다. 사실 답은 없다. 하지만 분명한 건 좋아하는 것과 잘하는 것이 같을 수 없다는 생각부터 우선 깨야 한다는 거다. 좋아하는 것과 잘하는 것이 일치할 수도 있고, 교집합을 이룰 수도 있다. 흑백논리처럼 어느 하나만을 선택할 수 있는 것도 아니다. 잘하게 되면 좋아하게 되고 좋아하게 되면 또 잘하게 된다. 둘 중에서 무엇을 선택할지 고민될 때는 일단 지금 재미있는 일을 찾는 게 제일 좋다.

또 기억해야 할 건 아무리 잘하는 일이라도 새로운 기술을 익히지 않으면 실력이 떨어질 수 있고 좋아하는 일도 일상이 되면 싫어질 수 있다는 점이다. 오늘 좋던 사람도 내일이 되면 싫어지고, 오늘 좋아하던 일도 내일이면 싫어질 수 있다. 잘하는 것도 영원할 수 없고, 좋아하는 것도 영원할 수 없다는 뜻이다. 그러니 둘 중 하나를 굳이 선택해야 한다면 어느 것이든 선택해도 좋다. 오늘의 선택 역시도 영원하지 않을 거라는 것을 염두에 둔다면 말이다. 우리가 어떤 일을 선택하기 어려운 이유는 절대 후회하지 않는 선택을 해야 한다는 강박 때문이다. 그리고 한 번 내린 결정을 나중에 바꾸는 것 자체를 후회와 동일하게 받아들이곤 한다. 내가 한 선택이 잘못될 수도 있다. 물론 잘못된 선택이 아니었어도 내 마음이 그냥 변할 수도 있다. 우리들은 모두 완벽한 존재들이 아니니까 우리가 내린 결정도 완벽하지 않을 수 있다는 걸 인정한다면 더 쉽게 선택하고 결정할 수 있게 된다.

그녀는 성공 역량 연구가가 되기 전, 대학생이었을 때부터 학원 강사를 했다. 무역학과를 다니던 언니를 따라 대학에서 국제무역을 전공했지만, 아주 어렸을 때부터 영어를 좋아했던 터라 학생들에게 영어를 가르쳤다. 학생들을 가르치는 일에 보람과 즐거움을 느꼈고, 자신으로 인해 아이들이 성장해 나가는 모습을 지켜보며 누군가를 가

르치는 일을 자신의 천직으로 여겼다고 한다.

교육은 단순히 어떤 과목을 가르치고 지식을 전수하는 데 그치는 게 아니라 가르치는 상대를 전인격적으로 대해야 한다. 학습을 뛰어넘어 인생 전반에 영향을 미치는 행위이다. 그렇기에 어려우면서도 그만큼 보람된 일이다. 그녀는 아이들을 가르치면서 단순히 학습적인 부분만을 가르친 게 아니라, 그와 동시에 꿈에 관해 강의를 하고 동기 부여를 하는 것으로 자신의 교육 영역을 확장했다. 그러면서 사람들 속에 내재돼 있는 각자의 역량을 개발하는 데 관심을 가지게 됐고 성공 역량에 대해 연구하기 시작했다.

그녀는 현재 '성공역량연구소' 대표로 취업과 창업을 준비하는 사람들에게 취업 및 창업 성공 역량 교육을 하고 있다. 기업과 공공 기관에서는 업무 성공 역량 교육을 하고, 각 기관의 대표들에게는 리

더 성공 역량 교육 프로그램을 진행하고 있다. 그리고 2015년 개정 교육 과정의 목표가 핵심 역량을 갖춘 창의 융합 인재를 양성하는 것인 만큼, 청소년 및 어린이들에게는 일곱 가지 핵심 역량 개발을 위한 진로 교육 프로그램을 운영 중이다.

이를 위해 '생각코딩연구소'와 함께 '미래핵심역량협회'를 설립했다. '미래핵심역량협회'는 4차 산업혁명 시대에 필요한 핵심 역량에 대한 연구에 관심이 있는 사람들로 결성된 커뮤니티라고 한다. 매달 핵심 역량 분야별 전문가들을 초청해 강연을 하고, 관련 정보들을 서로 공유하는 형태로 운영 중이라고 한다. 끊임없이 해당 전문가들과 소통하고 교류하면서 함께 연구하고 있다.

그녀는 지금까지 무언가를 이루고자 하는 사람들을 돕고 있고, 그들에게서 자신의 성취를 이끌어 낼 요소들을 발견하고 개발하는 발견가이자 연구가로서 살고 있다. 초창기에는 학생들만이 대상이었다면 지금은 학생뿐만 아니라 성인에 이르기까지 그 범위가 훨씬 넓어졌다는 게 다를 뿐이다.

누군가에게 자신의 영향을 미치는 일은 보람되지만 결코 쉬운 일은 아니다. 이 일을 하면서 사람들의 역량을 키우기 위해 상대를 이해시키고 이를 행동으로 옮기게 하는 데까지는 그녀에게도 어려움이 따를 때가 많다고 한다. 역량을 키우고 무언가를 이루기 위해서는 많은 시간과 노력이 필요하다. 그런데 이런 사실을 알고는 있지만 시간적인 여유를 갖지 못하고 빨리빨리 성과를 내고 싶어 하는 사람들이 많다.

건물을 지을 때 지반을 튼튼히 다지고 뼈대를 정교하게 만들지 않은 채 빨리 짓는 데만 급급하다 보면 그 옛날 폭삭 주저앉았던 백화점처럼 금방 무너질 수도 있다. 자신의 역량을 개발하는 것도 마찬가지로 기초를 잘 다지고 오랜 시간을 들여 노력하지 않으면서 단기간의 성과에만 치중하다 보면 모래성 같은 집을 지을 수밖에 없다. 이 점이 그녀는 가장 안타깝다고 말한다. 어떻게 하면 교육이 실행으로 잘 이어질 수 있을지가 앞으로의 그녀의 과제인 것이다.

이런 어려움에도 불구하고 내가 가진 강점을 통해 다른 이의 강점을 찾아 주고, 다른 이의 성취와 성공을 위해 끊임없이 연구하는 것은 내가 가진 걸 다른 이와 나누는 값진 행위이다. 자신조차도 찾지 못했던 강점을 찾도록 도와주는 것은 선한 영향력을 미치는 행위이다. 그녀는 자신이 잘하는 일을 좋아하는 일로 만들었고, 또 좋아하는 일을 다시 잘하는 일로 만들어 가고 있다. 물론 힘들 때도 있지만, 그 일은 어떤 일보다도 그녀에게 재미있는 일이기도 하다.

좋아하는 것과 잘하는 것 중 어떤 걸 먼저 발견해야 할지, 어떤 걸 먼저 선택해야 할지 고민하지는 말자. 한 가지를 발견하면 또다시 한 가지를 발견하게 되고 하나의 선택이 또 다른 선택으로 이어지는 것, 그것이 꿈이라고 불리는 것의 특성이니까.

나는 진정한 멘토가 되고 싶어

학생들을 대하면서 그녀가 가장 기쁠 때는 "선생님 제 꿈은요, 선생님 같은 영어 선생님이 되는 거예요", "꿈을 찾으며 준비하는 과정에서 힘들 때마다 선생님께서 해 주신 말씀에 힘을 얻어 준비했어요", "선생님이 제 멘토예요" 등의 말을 들을 때라고 한다. 그리고 함께 일을 했던 강사나 교육을 받은 사람들이 자신을 향해 멘토라는 말을 할 때 더욱 책임감을 느끼게 된다고 한다.

살아가면서 인연을 맺은 사람 중에는 싫은 사람도 있고 좋은 사람도 있다. 하지만 내가 닮고 싶은 사람을 만나는 건 쉬운 일이 아니다. 단순히 그녀가 바라는 바를 이루었기 때문에 사람들이 그녀를 닮고 싶어 하거나 자신의 멘토라고 말하는 건 아닐 것이다. 아무리 성공한 사람이라도 그 사람의 인격이 형편없다면 닮고 싶기는커녕 함께 어울리고 싶어 할 사람도 없을 테니까 말이다.

인생에서 진정한 성공의 의미는 단순히 자신이 원하던 걸 손에 넣는 것만을 뜻하는 게 아니라, 이처럼 자신을 향한 사람들의 평가가 어떠한지, 내가 나를 어떤 사람으로 인식하며 살고 있는지도 포함된다. 아무리 원하던 직업을 가졌대도, 아무리 많은 돈을 벌고 있대도 어쩔 수 없이 하루하루를 꾸역꾸역 살아 내는 삶을 성공했다고 말할 수는 없다. 사람들에게 인색하기 그지없고 베풀 줄 모르는 사람을 보며 성공한 사람이라고 말할 수도 없을 것이다.

사실, 우리가 흔히 사용하는 '성공'이라는 단어는 '성취'로 바꾸는 것이 옳다. 성취는 우리가 목표하던 바를 이루는 것만을 뜻하는 반면, 성공은 성취라는 개념을 포함하면서도 건강, 사랑, 행복, 관계에 대한 만족도 등의 개념 역시 포함하는 훨씬 더 포괄적인 개념이기 때문이다. 성공과 성취의 개념을 우리가 혼용하고 혼돈함으로써 자

일 좀 하는 언니들 이야기

신의 삶을 성공하지 못한 삶이라고 잘못 정의하기도 한다. 목표하는 한 가지를 이루지 못한 것은 성취하지 못한 거지 성공하지 못한 건 아니라는 이야기다.

그리고 무엇보다 중요한 건 우리는 성공을 위한 삶보다는 성장을 위한 삶을 살아야 한다는 점이다. 세상에 계속되는 성공은 없다. 성공 뒤에는 실패가 뒤따라올 수도 있다. 실패에 실패가 이어질 수도 있다. 하지만 성장 뒤에는 또 다른 성장이 따라온다. 성장한 후에는 실패를 겪어도 다시 일어설 수 있는 힘이 생긴다. 마치 아기가 성장하면 웬만큼 넘어져서는 울지 않게 되는 것처럼 말이다. 우리가 오늘의 나보다 내일 더 나은 사람이 되기 위해 노력한다면 성장의 삶을 살 수 있다. 우리가 성장할수록 오늘 꾸는 꿈도 내일이면 더 자라 있을 것이다.

그녀는 자기 자신이 어떤 능력으로 원하던 바를 이루었는지 곰곰이 생각해 보게 됐다. 자신이 그동안 하고자 했던 일을 어떻게 성취할 수 있었는지 연구했다. 성공한 사람들은 어떤 특징을 갖고 있었기에 그렇게 될 수 있었는지 관찰했다. 그리고 자신이 알아내고 밝혀낸 역량을 어떻게 다른 사람에게 적용할 수 있을지에 대해서도 연구하기 시작했다. 어떻게 하면 사람들이 자신의 잠재력을 찾도록 할 수 있을지 고민했다. 그녀는 앞으로 자신과 '성공역량연구소'를 만나는 사람들이 어떤 일을 하든지 반드시 성공할 수 있도록 만드는 게 꿈이라고 한다.

오민아 대표는 고려대학교 교육대학원 교육경영 최고위 과정에서

석사과정을 이수하고 있다. 누군가를 가르치는 일을 하지만 자신도
누군가에게 배우고 공부를 계속해야 배움과 실천을 순환시킬 수 있
기 때문이다. 그리고 최근에는 출판업도 함께 시작했다. 좋은 책을
만들고 좋은 작가를 찾아내서 많은 이들에게 또 다른 이름으로 좋은
영향력을 미치지 않을까 기대해 본다.

　많은 학생들이 그녀에게 물어볼 것이다. 어떤 꿈을 꾸어야 하느냐
고, 어떻게 꿈을 이룰 수 있느냐고. 그녀는 그들에게 들려줄 여러 답
들을 연구하며 답안지를 채우고 있다. 그리고 친구들 스스로 답을 알
아낼 수 있을 때까지 도와주고 있다. 우리는 곧 깨닫게 될 것이다. 우
리의 꿈은 우리의 생각과 마음에 이미 들어 있고, 우리에게 발견되어
지기만을 간절히 바라고 있다는 것을. 그녀가 발견가로서 사람들에
게 이미 내재되어 있는 힘을 찾아내 주는 것처럼, 우리도 우리를 찬
찬히 들여다본다면 곧 찾게 될 것이다. 우리 안에 있는 꿈과 그 꿈을

실현해 줄 힘 말이다.

4차 산업혁명 시대에는 어떤 역량들이 필요할까

요즘 많은 청년들의 꿈은 공무원이 되거나 대기업에 들어가는 것이다. 안정된 직장을 바라기 때문이다. 왜 내가 어렸을 때 또래들이 꾸었던 꿈과 지금 아이들의 꿈이 전혀 변하지 않았는지 알 수 없다. 세상은 빠른 속도로 변해 로봇과 AI의 시대가 되었건만, 왜 사람들의 사고방식은 시대의 변화와 흐름을 따라가지 못하고 고착되어 있는 것인지.

사회가 우리의 불안을 키우고, 부모와 교사가 우리의 불안을 키우고, 우리가 우리 자신의 불안을 키워 왔다. 그 덕분에 불안이 극에 달한 나머지 지극히 재미없는 일을 하면서도 오직 안정된 삶이면 된다는 생각을 하고 있는 건 아닐까.

한 달에 200만 원도 채 안 되는 돈을 받으며 공무원으로 일하는 것은 결코 안정된 삶이 아니다. 정년인 60세가 되면 일을 그만두어야 하는데, 100세 시대가 된 지금 60세에 일을 그만두고 새로 기술을 익혀 다른 일을 시작해야 하는 걸 안정된 삶이라고 할 수는 없다. 공무원으로 일하는 동안 은퇴 후 쓸 수 있는 기술을 익히지 않은 채 현실에 안주하게 되면 은퇴 후 삶이 불안정해질 수 있다는 뜻이다. 퇴직금과 연금이 남은 삶을 지켜 줄 거란 보장이 없다는 이야기다. 대기업은 어떤가. 다른 회사보다 연봉을 많이 받는다지만 밤 12시까지 죽어라 일하고 45세 정도가 되면 강퇴나 명퇴를 당하고 나와야 한다.

그것 역시 결코 안정된 삶은 아니다.

지금 안정된 것처럼 보여도 결코 안정적인 게 아닐 수 있다. 결코 안정적이지 않은 직장을 안정적이라고 믿으며 그런 직장에 들어가기 위해 무수히 많은 젊은이들이 몇 년씩 자신의 청춘을 쏟아붓는 게 안타까울 따름이다. 그리고 아직도 대학만 잘 가면 인생이 보장된다는 잘못된 신화에 사로잡힌 사람들이 많다. '대2병(대학교 2학년들이 걸리는 병)'이 있을 정도로 수능 점수 만점을 받은 서울대 학생이 정처 없이 방황하는 이야기가 최근에 매체를 통해 소개되기도 했다. 공부만 했기 때문에 앞으로 자신이 무엇을 하며 살아야 할지 도대체 알 수 없다는 거다. 그 학생뿐만 아니라 대학만 가면 모든 것이 끝난다는 부모님의 말씀만 듣고 대학을 갔던 학생들은 그 다음에 어떻게 해야 하는지 모르고 방황하는 경우가 많다.

자신의 가치관은 없고, 외적인 가치관만 있는 학과 및 학교 선택 등의 진로 결정을 해 왔기 때문이다. 공부만 열심히 하면 된다고 해서 공부만 했지 자신이 무엇을 진짜 좋아하는지에 대해서는 고민해본 적 없이 부모님이나 선생님의 조언만을 따랐기 때문이다. 그러다가 대학교 2학년이 돼서야 그런 현실을 자각하고 방황하게 된다.

오민아 대표 역시 명문대 입학이 성공을 보장하는 시대는 지났다고 말한다. 소위 SKY 대학의 사회과학대학 졸업생 중 절반가량만 취업을 한다는 통계도 있다. 게다가 MOOC(온라인 공개강좌)의 발달로 인해 미래에는 국내뿐 아니라 해외 대학교의 학위도 온라인 수강만으로 쉽게 취득할 수 있을 거라고 말한다.

서구권에서는 우리나라처럼 고등학생들의 80~90%가 대학을 가는 나라가 없다. 대학을 가는 사람들은 진짜 공부를 더 하고 싶어서 가고, 다른 학생들은 일을 하거나 자신만의 사업을 하는 경우가 많다. 사람마다 잘하는 것이 다 다르므로 진로 역시 각자에 맞게 선택해야 한다. 하나의 골대를 향해 누가 가장 먼저 골을 넣을지 아무리 시합을 해 봐도 제일 첫 번째 골만 골로 인정된다. 그렇다면 남들이 가는 곳으로 우르르 몰려가는 것보다 각기 다른 방향으로 뛰어가는 게 더 유리하다.

그녀가 사람들 개개인의 성공 역량을 연구하는 것처럼, 그녀가 내리는 진단이나 처방도 사람들 각자에 맞게 내려질 것이다. 만약 모든 취업자와 모든 창업자에게 똑같은 진단과 처방을 내린다면 그녀는 진정한 성공 역량 연구가라고 할 수 없다.

미국의 비영리기관 P21은 학생들에게 필요한 역량에 관한 연구를 진행했다. 그중 학습에 필요한 네 가지 역량을 4Cs라고 이름 붙였는데, 이 네 가지는 Creativity(창의성), Critical thinking(비판적 사고), Communication(의사소통), Collaboration(협업)이다. 이 중 Creativity와 Critical thinking이 개인적 역량이라면, Communication과 Collaboration은 사회적 역량이라고 할 수 있다. 미국의 혁신대학 미네르바스쿨 역시 이 네 가지를 가진 인재를 양성하고자 하는 목표를 갖고 있다.

오민아 대표는 학생들에게 궁극적으로 필요한 능력은 '문제 해결 능력'이라고 말한다. 어떤 상황이 주어졌을 때, 기존의 방법보다 더 효율적이고 체계적으로 문제를 해결할 방법은 없을까 탐구해 보는 자세를 갖는 것이 중요하다고 한다. 그리고 친구들을 비롯해 각 분야의 전문가들과 원활한 의사소통과 협업을 할 수 있는 용기를 가진다면 4차 산업혁명 시대에 걸맞은 리더로 성장할 수 있을 거라고 한다.

얼마 전에 요리와 설거지를 대신해 주는 로봇의 등장을 봤다. 이제 여성들도 가사에서 벗어날 일이 머지않았고, 일과 가사를 동시에 해야 한다는 부담감에서 벗어나게 될 것이다. 미래 사회에서는 분명 여성에게 더 좋은 조건들이 많이 갖춰질 것이다. 시간은 흘러 상상으로만 가능했던 일들이 빨리 이루어지고 있다. 병원에서는 로봇이 수술을 대신하기 시작했고 요리와 설거지를 해 주는 로봇까지 등장했다. 사람들의 상상력으로 세상은 이렇게 변했는데 앞으로의 내 자신이 변할 모습에 대해서는 잘 상상하지 않는다. 특히, 미래의 내 모습을 상상하는 것은 긍정적일 때보다 부정적일 때가 많다. 자기가 잘 될 거라고 기대하지 않는 친구들이 많다. 사람들의 상상력으로 세상이 변한 것처럼, 우리의 모습도 내가 어떻게 상상하느냐에 따라 충분히 변할 수 있다.

사람은 누구나 자신이 원하는 어떤 모습으로든 될 수 있다. 내 미래를 긍정적으로 상상할 수 있는 능력만 있다면 말이다. 사람이 세상을 변화시킨 것처럼 우리 자신도 그렇게 변화될 수 있다고 믿기만 한다면 말이다.

일 좀 하는 언니들 이야기

성공 역량 연구가 오민아 언니에게 물어봐!

Q. 성공 역량 연구가라는 직업은 우리 친구들에게는 생소한 직업
일 것 같아요. 이 직업을 직접 만드신 건가요? 아니면 교육시켜
주는 기관이 있는 건가요?

A. 우리는 세상에 없는 직업들을 얼마든지 만들어 낼 수 있어요. 기
존에 나와 있는 직업의 틀 안에 갇혀서 우리의 일과 인생을 한정
할 필요는 없지요. 성공 역량 연구가는 그동안의 제 경험과 지식
을 모아서 융합·창조한 새로운 분야입니다. 어떻게 하면 많은
사람들이 성공적인 삶을 살 수 있을까 연구하고 그들에게 알맞
은 교육을 시키고 도와주는 일 등을 하고 있어요.

Q. 성공 역량 연구가가 되신 특별한 계기가 있으셨나요?

A. 저는 어린 시절부터 '성공하는 내가 되자'는 목표를 가졌어요.
'성공하는'이라는 말이 현재 진행형인 만큼 항상 성공하는 삶
을 살고 싶었고, 다행히 그 목표대로 제가 하고자 하는 일들을
대부분 성공적으로 이뤄 냈어요. 그러다 보니 저를 멘토로 삼는
학생들이 어떻게 하면 원장님처럼 성공할 수 있느냐는 질문을
많이 던졌어요. 그때부터 제가 성공할 수 있었던 이유를 생각하
기 시작했고, 성공한 사람들의 특징을 연구하고 싶었어요. 저를
찾아오는 학생들에게도 그것을 적용하고 싶었고요. 그래서 그
때부터 성공 역량 연구가로서 나아가게 되었습니다.

Q. 어떤 것이 성공이라고 생각하세요?

A. 제가 생각하는 성공은 사회의 잣대로 평가하는 것이 아니라 꾸준한 열정과 계획을 통해 자신이 이루고자 하고 목적한 바를 이뤄 내는 과정에서 성취감을 맛보는 거라고 생각합니다.

Q. 성공역량연구소에서 하고 있는 일을 소개해 주세요.

A. 성공역량연구소의 현재 주요 사업은 교육 사업이에요. 취업과 창업을 준비하는 분들에게는 취업·창업 성공 역량 교육을, 기업 및 공공 기관에는 업무 성공 역량 교육, 각 기관의 대표들에게는 리더 성공 역량 교육 프로그램을 운영하고 있어요. 청소년 및 어린이들에게는 2015년 개정 교육 과정의 목표가 핵심 역량을 갖춘 창의 융합 인재를 양성하는 것인 만큼, 일곱 가지 핵심 역량 개발을 위한 진로 교육 프로그램을 진행하고 있습니다. 그리고 최근에는 출판업을 시작해서 역량에 관련한 저서 집필 작업을 하고 있고 다양한 출판물을 만들 계획을 세우고 있습니다.

Q. 변화하는 시대에서 친구들은 어떤 방식으로 공부하고 진로를 준비하면 좋을까요?

A. 우리 친구들이 공부를 하면서 진로를 결정해서는 조금 돌아갈 수도 있다고 생각해요. 자신이 무엇을 잘하고 좋아하는지 자신을 먼저 이해하고, 그 후에 여러 가지 직업들에 대해 알아보면서 체험하고 자신의 재능과 흥미에 따른 진로를 결정해야 한다

일 좀 하는 언니들 이야기

고 봐요. 그런 후에 진로에 따른 공부 방법이나 필요한 공부들을 더 파악하며 깊이 공부할 수 있다면 더 흥미 있게 준비할 수 있을 거예요.

Q. 앞으로 우리 친구들에게는 어떤 역량이 필요하다고 생각하세요?
A. 4차 산업혁명 시대는 사회적, 기술적으로 급격하게 변화하기 때문에 평생직장의 개념이 점점 더 사라질 거예요. 따라서 앞으로 학생들에게 궁극적으로 필요한 능력은 '문제 해결 능력'입니다. 평소에 어떤 상황이 주어졌을 때, 기존 방법보다 더 효율적이고 체계적으로 문제를 해결할 방법은 없을까 탐구해 보는 자세를 갖길 바랍니다. 그리고 친구들을 비롯해 각 분야의 전문가들과 원활한 의사소통과 협업을 할 수 있다면, 4차 산업혁명 시대에 걸맞은 리더로 성장할 수 있을 거라고 생각합니다.

Q. 우리 친구들에게 특별히 해 주고 싶은 말씀이 있으신가요?
A. 진로를 결정할 때는 많은 정보가 필요해요. 미래에 없어질 직업을 선택하기보다는 앞으로 전망이 있는 직업을 통해 어떤 방향으로 공부를 해 나갈지 방향성을 잡는 것이 중요하다고 봅니다. 자신이 진정으로 하고 싶은 일이 무엇인가를 먼저 생각해 보라고 친구들에게 이야기해 주고 싶어요. 저는 그것이 성공의 가장 중요한 법칙이라고 생각해요.

나는 컴퓨터한테 일을 시켜

_빅데이터 분석가
박현경

빅데이터 분석가 머신러닝 기법을 활용해서 사람들의 행동 패턴을 파악하여 상품을 추천하거나 과거의 숨은 패턴을 파악하여 미래를 예측하는 일을 한다. 즉, 데이터 속에 있는 숨은 패턴을 파악해 인사이트(의미 있는 패턴)를 도출하고, 새로운 부가 가치를 창출한다. 무수히 쏟아지는 정보들 속에서 트렌드를 읽어 내고 방대한 양의 정보를 쓸모 있고 가치 있게 만드는 것이다.

"생각만으로는 아무것도 움직일 수 없다. 생각이 목표를 향하고 행동을 내포할 때 움직임이 있다." - 아리스토텔레스

호기심을 그냥 내버려두지 마

아기들을 관찰하고 있노라면 아기들이 얼마나 호기심이 많은 존재들인지를 알게 된다. 모든 서랍을 열어 보고, 온갖 것들을 쏟아낸다. 물건을 떨어뜨리면 어떤 일이 생기는지 스스로 확인하고 싶어 하고, 휴지 곽의 휴지를 언제까지 다 뽑아낼 수 있는지도 확인하고 싶어 한다. 자신이 처음 접해 보는 세상의 모든 것들이 신기하고 또 알고 싶을 것이다.

그런데 부모들 중에는 아기들이 이렇게 호기심으로 하는 행동을 꾸짖으며 혼을 내는 사람들도 있다. 어른들 눈에는 단순히 저지레로 보이는 행동들이 아기들에겐 세상을 터득해 나가는 과정이라는 걸 잘 모르기 때문이다. 이런 사실을 알더라도 아이들의 행동은 여간 성가신 게 아니다. 호기심을 채우고자 하는 모든 행동들이 부모에게는 치우고, 쓸고, 닦아야 하는 일이 되기 때문이다. 급기야 이런 행동을 하지 못하도록 애초에 차단시켜 버릴 때도 많다. 그리고 부모가 알려 주는 것만 알아 가라고 가르치기 시작한다.

직접 만져 보고 경험해 보기도 전에 부모는 그건 위험하고, 이런 일은 하면 안 된다고 미리 말한다. 그런 곳에 가서는 안 되고, 그런 옷은 입지 말라고 가르친다. 아주 일찌감치 우리의 호기심을 채울

환경은 없어지고, 호기심을 갖는 방법마저 잊어버리게 되는 것이다.

최근에 이세돌과 알파고의 바둑 대결로 빅데이터가 화두로 등장했다. 그래서 빅데이터 분석가의 인지도가 많이 올라가고 이를 담당할 전문가 역시 많이 필요하게 됐다. 박현경 빅데이터 분석가는 어렸을 때부터 남달리 호기심이 많은 학생이었다고 한다. 수업 시간에 잘 해결되지 않는 문제나 궁금한 것이 있으면 답이 풀릴 때까지 문제를 풀었고, 그러다 안 되면 답을 얻을 때까지 선생님한테 질문을 했다.

그녀가 빅데이터 분석가가 된 계기와 15년 동안 빅데이터 분석가로서 일하고 있는 이유 역시 이런 호기심이 있었기 때문이라고 한다. 어떤 현상을 보며 이것은 '왜 이렇게 되었을까'라는 끊임없는 질문이 무언가를 분석하는 일의 첫걸음이자 시작이었던 것이다.

빅데이터 분석의 기반은 수학적인 증명과 통계적인 해석이기 때문에 수학을 잘하는 학생이 좀 더 유리하다고 한다. 데이터 분석을 하면서 늘 숫자를 접하고 다루어야 하므로 수학에 흥미가 있으면 데이터 분석을 보다 재미있게 할 수 있기 때문이다. 그런데 수학이나 과학이라고 하면 여학생들은 벌써 흥미가 떨어지는 경우가 많다. 과목명만 들어도 갑자기 얼어붙고 골치가 아프기 시작하는 학생들도 있다. 그래서 조금만 시도해 보거나 혹은 시도조차 해 보지 않고 지레 겁을 먹는 경우도 많다.

아직도 남자는 과학, 여자는 국어를 배워야 한다는 생각이 지배적이고, 남학생은 공대, 여학생은 인문대 등의 선입견을 바탕으로 한 진로 지도가 교육 현장에서 공공연하게 일어나고 있다. 적성과 진로에는 '성별'이 없어야 한다. 남학생은 과학과 수학, 여학생은 국어와 영어라는 식으로 모두가 타고난 무한한 가능성을 제한해서는 안 된 다. 여학생이 과학과 수학에 관심이 없다거나 못한다는 건 미신에 가 까운 편견이다. 주변에서 일어나는 사소한 현상, 일상적인 물건 등을 볼 때도 호기심을 가지고서 '왜?'라는 질문을 늘 해 보고 자주 접하 고 체험하다 보면 과학이나 수학이 쉬워질 것이다.

세상의 모든 발명품들이 인간의 호기심에서 비롯됐고, 이 호기심 덕분에 인류는 더 많은 발전을 이루게 됐다. 호기심은 어떤 일을 하 게 되는 계기가 되고 모험에 뛰어들 수 있는 힘으로도 작용한다. 인 간이 한자리에 계속해서 머물지 않을 수 있는 것도 이 호기심 덕분 이다. 호기심 많았던 수많은 과학자들 덕분에 전기, 컴퓨터, 휴대전 화 등을 오늘날 우리가 일상에서 사용할 수 있게 됐다.

최근에 개봉한 영화 〈밤쉘(Bombshell: The Hedy Lamarr Story, 2017)〉에 등장하는 할리우드 배우 헤디 라머는 와이파이, 블루투스 등의 핵심 기술을 발명한 여성이다. 이 밖에도 자동차 와이퍼, 인공위성 추진 기, 레이저 백내장 수술, 화력 안전 소재 등의 발명도 여성들이 해냈 다. 《세상을 바꾼 여성 과학자 50》이라는 책에는 우리가 그동안 알지 못했던, 그야말로 과학으로 세상을 바꾼 여성들 이야기가 나온다. 그 리고 고대 동로마제국에서 활동한 최초의 여성 수학자 히파티아, 아 인슈타인과 맞먹는 수학자였던 에미 뇌터, 수학계의 노벨상이라고 불리는 필즈상 수상자였던 마리암 미르자하니까지 수학으로 이름을 떨친 여성들도 많이 있다. 수학도, 과학도 여성이기 때문에 할 수 없는 것이 아니다. '왜 그럴까'에 대한 진지한 고민이 있으면 될 정도로 여성들이 이루어 낸 성과물 역시 많다.

우리는 태어날 때 이미 신으로부터 호기심을 부여받았고, 어릴 적부터 여성과 남성의 구분 없이 호기심을 마음껏 발산할 수 있었다. 키우기 쉬운 아이로 양육되는 과정에서 호기심이 타인에 의해 잘려나갔다 하더라도, 최소한 우리가 스스로의 호기심을 제한하고 내버려두지는 않아야 한다. 우리 중 세상을 변화시킬 사람이 얼마든지 나올지도 모를 일이니.

우리에겐 꿈의 선택지가 부족해

어릴 적 내 친구들의 꿈은 하나같이 선생님이 되는 거였다. 그도 그럴 것이 매일 보는 어른이라고는 부모님과 선생님이 전부였고, 아이들 입장에서는 선생님이라는 존재는 절대 권력을 가지고 자신들을 혼내기도 하고 평가하기도 하는 대단한 존재였기 때문이다.

그런데 내 눈에 비친 선생님이라는 직업은 그 어떤 직업보다 힘든 직업처럼 느껴졌다. 아이들을 대해야 하는 일 자체가 인내심이 필요하고, 때로는 그 아이들이 사고를 치기도 하고 말을 안 듣기도 해서 속이 상하기도 한다. 아이들을 동등하게 사랑하고 애정을 주어야 하는데 인간으로서 그것이 무척 힘든 일처럼 느껴지기도 했다. 그리고 누군가를 가르치기 위해서는 끊임없이 공부해야 하는데, 늘 공부를 해야 한다는 것도 어려운 일처럼 보였다.

우리는 일상에서 자주 접하는 사람들의 직업을 동경하곤 한다. 때

로는 학교에서 보는 선생님이, 때로는 드라마에서 보는 의사가 우리의 꿈에 대입될 수도 있다. 박현경 빅데이터 분석가 역시 어렸을 때의 꿈은 선생님이나 의사가 되는 거였다고 한다. 빅데이터 분석가라는 직업이 있는 것조차도 몰랐다고 한다. 생각해 보면, 자신이 알고 있는 직업이라고는 선생님과 의사가 전부였다고 한다. 아무도 자신에게 세상에 얼마나 많은 직업이 있는지 가르쳐주지 않았고, 그렇다고 다양한 직업을 가진 사람들을 볼 기회도 없었다. 그녀에게는 직업의 선택지와 꿈의 선택지가 너무나 부족했던 것이다.

우리의 꿈은 우리가 살아가는 세상만큼, 우리가 알고 있는 세계만큼의 크기라고 생각하면 된다. 세상을 많이 돌아다녀 보고, 여러 사람을 만나 보고, 다양한 경험을 한 사람의 꿈은 그렇지 못한 사람들의 꿈보다 훨씬 더 크고 넓을 것이다. 우리가 선택하는 전공도 마찬가지다.

대학 때 그녀의 전공은 통계학이었는데, 조금은 특이한 계기로 통계학을 전공으로 선택하게 됐다. 대학교 1학년 때 교양 과목으로 '기초통계학' 수업을 들었을 때, 교수님이 80명이나 되는 학생들의 이름을 모두 외웠다고 한다. 그 많은 학생의 이름을 어떻게 그렇게 외울 수 있는지 신기할 따름이었다. 그러고는 한 사람 한 사람에게 통계학에 대해 참 재미있게 알려주는 모습이 인상 깊었고, 그것을 계기로 두 번 생각할 필요도 없이 통계학을 선택해서 전공하게 됐다.

80명의 이름을 모두 외워 그녀의 이름을 불러 주고, 친절하게 가르쳐 주고 흥미를 느낄 수 있도록 설명해 주는 교수의 모습은 그의 인격에 대한 존경심을 갖게 했다. 그리고 그가 하고 있는 일에 대해서까지도 관심을 갖는 계기가 됐다.

2011년부터 '빅데이터'와 '데이터 사이언티스트' 등의 용어들이 흔히 쓰이면서 빅데이터 분석가를 채용하는 회사들이 늘기 시작했다. 스마트폰이 보급되면서 데이터 사용량이 기하급수적으로 늘어나자 빅데이터 분석가들에 대한 수요 역시 증가하게 됐다.

빅데이터 분석가는 머신러닝 기법을 활용해서 사람들의 행동 패턴을 파악하여 상품을 추천하거나 과거의 숨은 패턴을 파악하여 미래를 예측하는 일을 한다. 즉, 데이터 속에 있는 숨은 패턴을 파악해 인사이트(의미 있는 패턴)를 도출하고, 새로운 부가 가치를 창출하기 위해서 빅데이터를 분석한다. 무수히 쏟아지는 정보들 속에서 트렌드를 읽어 내고 방대한 양의 정보를 쓸모 있고 가치 있게 만드는 일을 한다.

예를 들면, 한 명의 고객이 인터넷 쇼핑몰에서 어떤 종류의 물건들을 많이 보고 구매했는지, 어떤 키워드를 주로 검색하는지, 검색한 것을 찾으면 얼마나 머무는지 등의 행동 패턴을 파악해 다음번에 그 고객에게 관심 상품과 유사하거나 관심 범위에 해당하는 제품을 추천하는 것이다. 빅데이터 분석가는 은행, 카드, 보험, 증권 회사 등의 금융·통신 분야, 온라인 마켓 등에서도 일을 하고, 대기업 및 일반 회사, IT 회사, 연구소 등에서도 일을 한다.

그녀는 대학에서 통계학을 전공하고 석사학위를 땄지만, 통계학뿐만 아니라 산업공학이나 컴퓨터공학, 기계공학 등을 전공해도 빅데이터 분석가가 될 수 있다고 한다. 그리고 꼭 석사나 박사까지 공부를 해야 하는 것은 아니라고 한다. 데이터 분석은 복잡한 알고리즘의 이해만큼이나 데이터에 대한 직관과 경험이 더 중요할 때가 많기 때문이다. 그녀와 함께 일하는 사람들 중에는 대학교만 졸업한 사람들이 훨씬 많다고 한다.

빅데이터 분석가라는 직업이 있다는 것과 어떤 일을 하는지 이미 알고 있는 학생도 있을 테지만, 그렇지 못한 학생도 여전히 많이 있을 수 있다. 우리가 세상의 모든 직업을 다 알 수도 없고 그럴 필요도 없지만, 다양한 사람들의 경험을 접하고 나눈다면 선택할 수 있는 직업의 세계는 다양해질 테고 작성할 수 있는 꿈의 목록도 늘어나게 된다.

그녀는 다행히 자신에게 맞는 전공을 선택했고, 자신에게 맞는 직업도 발견했다. 인상 깊이 남았던 교수님을 만나지 못했더라면 통계학을 전공으로 선택하지 않았을지도 모르고, 통계학을 선택하지 않았더라면 지금의 직업도 갖지 못했을 것이다. 그리고 누군가에 대해, 어떤 과목에 대해 궁금해하지 않았다면 빅데이터라는 직업 자체를 몰랐을 것이다.

자신에게 맞는 직업을 찾지 못해서, 혹은 알고 있는 직업이 얼마 되지 않아서 선택하지 못하는 불상사가 생기지 않도록 우리는 더 많은 사람들을 만나 봐야 한다. 그들은 어떻게 해서 저런 전공을 선택했고, 어떻게 저런 직업을 갖게 되었는지 궁금해 해야 한다. 그러면서 그들과 함께 더 다양한 경험을 해 봐야 한다. 이렇게나 많은 세상의 인구가 모두 선생님이거나 의사는 아닐 테니 말이다.

나한테 재미있는 일이 최고의 직업일 거야

우리나라 사람들은 아마도 전 세계에서 가장 열심히 일하는 사람들일 것이다. 출근은 가장 일찍 하고 퇴근은 가장 늦게 하면서 열심히 일을 한다. 유럽을 비롯한 서구권에서는 대부분 정시에 퇴근을 하는데 우리나라 사람들은 퇴근 시간이 돼도 더 일을 하거나, 다른 사람들의 눈치를 보며 퇴근하지 못하는 경우도 많다. 심지어 늦게 퇴근할 걸 염두에 두고 일을 천천히 하는 사람들도 있다.

그런데 이런 그들의 삶이 과연 행복할까? 그렇게 하는 일들이 재미있을까? 언제까지 우리는 공부도 억지로 하다가 일까지 억지로 해야 하는 것일까? 공부까지는 다른 선택지가 없었기 때문에 싫어도 해야 했지만 일만큼은 하기 싫은데 억지로 하는 상황에서 벗어날 때도 되었다.

이제 열심히 일해서 잘사는 시대는 지났다. 누가 더 열심히 일하느냐가 성공의 잣대가 아니라 누가 더 재미있는 일을 찾아 재미있게 일하고 있느냐가 성공의 잣대가 되었다. 세상에는 우리가 아직 알지 못하는 재미있는 일들이 무수히 많다. 그리고 이미 우리가 알고 있는 재미있는 일들도 무수히 많다. 그렇게 셀 수 없을 정도로 많이 존재하는 재미있는 일을 놔두고 굳이 재미없는 일을 택해 재미없게 살필요가 있을까?

그녀는 선생님이 미대에 가면 좋겠다고 할 정도로 어렸을 때부터 미술에 소질이 있고 그림 그리는 걸 좋아했다. 빅데이터 분석이 마치 하얀 도화지 위에 데이터라는 여러 재료들로 그림을 그리는 과정과 비슷해서 더 재미있게 느껴진다고 한다. 집중해서 그림을 그리는 것처럼 집중해서 데이터를 분석하며 분석가의 개성과 섬세함을 살릴 수 있다는 것이다. 그녀는 데이터 분석 결과를 누군가에게 설명할 때면 예전에 자신이 그린 그림을 친구들에게 설명해 주던 때가 늘 생각난다고 한다. 미술 작품을 큐레이터가 설명하면 작품의 구석구석을 더 잘 볼 수 있는 것처럼, 분석 결과 역시 분석가가 설명하면 그 결과를 더 명확히 이해할 수 있다. 그녀가 빅데이터 분석을 좋아하게 된 이유는 직업 자체가 흥미를 불러일으키기도 하지만 자신이 좋아하던 미술과의 공통점을 발견함으로써 스스로에게 좋아할 이유를 부여했기 때문이다.

박현경 빅데이터 분석가는 지금까지 금융 회사, 온라인 마켓, 모바일 앱 관련 데이터를 분석하고 컨설팅을 하다가 빅데이터 분석가가 됐다. 지금은 빅데이터 분석과 통계 및 머신러닝 강의를 함께 진행하고 있고, 얼마 전 대학교 3, 4학년 학생들을 대상으로 '대학생 IT 멘토링'도 진행했다. 빅데이터 분석가로서의 일도 하지만, 기업을 대상으로 데이터 분석에 기반한 컨설팅과 회사원들을 대상으로 강의도 하고 있다. 얼마 전에는 카이스트 MBA 과정에 있는 학생들에게 강의를 하기도 했다.

이렇게 15년 동안이나 빅데이터 분석가로 일하고 있지만, 일이 무척 재미있기 때문에 앞으로도 그녀는 빅데이터 분석가 일을 계속할 예정이라고 한다. 재미있는 일이라야 오래 할 수 있다는 건 누구나 다 아는 사실이다. 어떤 사람들 눈에는 아무리 골치 아파 보이는 일이라도 내게는 세상 그 무엇보다 재미있는 일이 될 수 있다.

지금보다도 한참 어렸을 때 우리는 의사놀이도 했고 선생님놀이도 했다. 그렇게 놀이로서의 모든 것들은 재미있었다. 앞으로 우리가 하게 될 일들도 이렇게 재미있어야 한다. 의사놀이를 하던 때처럼 의료 봉사 활동에도 참여해 보고, 의사 선생님을 직접 만나서 인터뷰도 하면서 어떤 점이 보람되고 또 어떤 점이 힘든지 알아봐야 한다. 사업을 하고 싶다면 친구들을 상대로 벼룩시장을 열어 내가 만든 물건이나 내가 쓰던 물건들을 팔아 보는 경험을 먼저 해 볼 수도 있다. 작가가 되고 싶다면 책을 많이 읽는 건 기본이고 여러 공모전에 참여해 내 글이 잘된 것인지 확인해 볼 수도 있다. 또 내가 좋아하는 작가의 SNS를 방문해서 소통을 해 보는 것도 좋다.

우리의 인생 전체를 놓고 보면 공부를 하는 기간보다 일을 해야 하는 기간이 훨씬 더 길다. 공부는 길어야 20년 정도 하게 되지만, 일은 남은 인생 동안 계속해야 한다. 그러니까 정말 재미있는 일을 해야 하고, 또 재미있게 일할 수 있는 자신만의 노하우도 만들어야 한다. 우리의 인생은 슬픈 일과 즐거운 일이 비례래서 일어난다고 한다. 하지만 사람들은 슬픈 일을 더 오래 기억하고 더 자주 일어나는 것처럼 느낀다. 우리가 재미있게 살고, 재미있게 일해야 하는 이유이기도 하다. 재미있는 일들로 인생의 버거운 일들을 조금이라도 덮을 수 있다면 슬픔도 더 빨리 지울 수 있을지 모른다.

우리, 한계치 밖에서 만나

그녀는 학교를 졸업하고 사회에 나와 일을 하면서도 통계학과를 선택한 걸 한 번도 후회한 적이 없었다고 한다. 빅데이터 분석가로서의 길이 자신에게 정말 맞는 직업임을 확신하고 있다고 한다. 여러 가지 일들이 한꺼번에 몰려서 정해진 시간 내에 원하는 수준의 결과를 얻어내지 못하면 정신없고 힘들 때도 있다. 하지만 자신이 찾아낸 인사이트에 의해 앱 화면이 개선되거나, 자신이 만든 알고리즘에 의해 상품이 추천되어서 사람들이 편리하게 원하는 상품들을 찾을 수 있게 될 때는 정말 보람을 느끼고 기쁘다고 한다.

이렇게 자신의 일을 좋아하는 그녀도 이 일을 해 보기 전까지는 자신에게 그렇게까지 잘 맞는 일인지 몰랐을 것이다. 사람들은 흔히 무언가를 해 보기도 전에 이것이 나에게 잘 맞을지 안 맞을지 걱정

부터 하게 된다. 내 앞에 있는 일이 나와 잘 맞는지 알아보고 확인하기 위해서는 그 일을 우선 해 봐야 한다. 아무리 많은 사람들의 말을 들어 봐도 내가 경험해 보지 않으면 알 수 없다. 남한테 잘 맞는 일이 나에게는 잘 맞지 않을 수 있고, 남한테는 잘 맞지 않는 일이 나에게는 의외로 잘 맞는 일일 수도 있다.

그리고 우리는 가 본 길보다 가 보지 못한 길을 더 궁금해하고, 해 본 일보다 해 보지 못 한 일에 대해서 더 후회하곤 한다. 세상에 해 본 일을 후회하는 사람보다 그때 그 일을 해 볼 걸 하고 후회하는 사람들이 훨씬 더 많다. 우리가 죽음을 앞두었을 때도 도전하지 못했던 일이나 주저하면서 하지 못했던 일들을 후회하게 될 것이다. 노벨문학상까지 수상했던 버드나쇼의 묘비에 "우물쭈물하다가 내 이 럴 줄 알았다"라는 문구가 쓰여 있는 것만 봐도 시간을 허비한 것에 대한 후회는 이렇게나 깊으니 말이다.

내가 택한 일이나 직업이 나에게 맞지 않으면 그만두면 된다. 그런데 사람들은 도중에 그만두는 자신을 실패자라고 여기곤 한다. 그 일을 끝까지 계속해 내는 사람만이 성공한 사람이라고 생각한다. 하지만 실패를 두려워한 나머지 아예 도전하지 않거나 자기에게 맞지 않는 일임에도 억지로 계속하는 것이야말로 실패한 거라고 할 수 있다.

그녀는 어떤 현상의 원인에 대해 탐구하는 성향을 가진 학생들이 빅데이터 분석가라는 직업에 적합할 거라고 한다. 그래서 데이터 분석 쪽이 다른 분야에 비해 여성의 비율이 높은 편이다. 왜냐하면 데이터 분석은 꼼꼼하게 데이터를 들여다봐야 하는 인내심과 끈기를 요하기 때문에 여성들이 가진 성향과 잘 맞는 직군이기 때문이다. 그래서 여성들이 성과도 더 잘 내는 분야이기도 하다. 또한 다른 회사원에 비해서 연봉도 꽤 높은 편에 속하기 때문에 여성들의 직업 만족도가 특히 높다고 한다.

빅데이터 분석가라고 하면 왠지 남성과 더 잘 어울리는 분야라고 생각하기 쉽고, 왠지 너무 어려울 것 같은 생각도 들지만 막상 일하고 있는 여성들은 오히려 여성에게 더 잘 맞는 직업이라고 말한다. 그녀들도 일을 시작하고 나서 이런 사실들을 체험했을 것이다.

그녀가 맨 처음에 했던 데이터 분석 일은 증권사 프로젝트였는데, 그 당시 그녀의 멘토는 프로젝트를 진행하기 전에 최소한의 금액으로라도 주식 투자를 해 보길 권했다고 한다. 온라인 마켓 데이터를 분석하기 위해서는 온라인 마켓을 이용해 봐야 하고, 특정 앱의 앱 로그를 분석하기 위해서는 직접 사용자가 되어 봐야 그 앱을 더 잘 파악할 수 있기 때문이다. 사실 분석을 위해서는 그 분야에 대한 기본적인 경험과 함께 상당히 많은 분야의 지식이 복합적으로 필요하다고 한다.

그녀는 청소년들이 자신의 한계를 미리 정해 두지 않았으면 좋겠다고 말한다. '나는 이런 사람이야', '나는 이만큼까지만 할 수 있어' 등의 한계치 안에 자신을 가두지 말고 한계를 뛰어넘기 위해 꾸준히 도전하기를 바란다고 말한다. 우리는 충분히 자신이 생각했던 것 이상의 가능성이 있는 사람들이고, 그 가능성은 노력으로 충분히 이뤄 낼 수 있는 현실이 될 수 있다.

인생을 살다 보면 나한테도 이런 능력이 있었나 하고 놀라게 되는 순간이 찾아올 때가 있다. 단지 그것을 발현할 수 있는 상황과 환경이 마련되지 않아서 내가 갖고 있던 능력을 미처 발견하지 못했을 뿐이다. 그러니 앞으로는 자신의 능력을 과소평가하지 말고 한계치 밖에서 숨겨진 능력을 찾을 수 있기를 바란다.

빅데이터 분석가 박현경 언니에게 물어봐!

Q. 빅데이터란 정확히 어떤 건가요?

A. 말 그대로 데이터가 많이 쌓여 있다는 의미예요. 빅데이터는 기존 데이터에 비해 너무 방대해서 기존의 방법이나 도구로 수집 · 저장 · 분석 등이 어려운 정형·비정형 데이터들을 의미하죠.

Q. 빅데이터 분석가가 하는 일을 소개해 주세요.

A. 한마디로 말하면 빅데이터 분석가는 방대한 규모의 빅데이터를 쓸모 있고 가치 있게 만드는 사람들이에요. 어떤 사람들이 어떤 분야에 관심이 있는지, 자주 찾는 정보는 무엇인지, 한 번 찾으면 얼마 동안 머무는지 등의 수많은 데이터 속에서 트렌드를 읽어 내 부가 가치가 높은 결과물을 도출하는 일을 하게 되죠. 대량의 빅데이터를 관리하고 분석해 사람들의 행동 패턴이나 시장 경제 상황 등을 예측하기도 하고, SNS로 주고받는 문자나 몇 개의 키워드로 상대방의 성향을 파악하기도 하고요.

Q. 컴퓨터를 잘 다루어야 빅데이터 분석가가 될 수 있나요? 그렇다면 어떤 분야를 특히 잘 다루어야 하나요?

A. 컴퓨터와 친숙하고 잘 다루면 더할 나위 없이 좋습니다. R, 파이선, 스파크, SQL 등의 프로그램을 쓰는데, 이런 프로그램들은 나중에 대학에 가서 배우면 된답니다.

Q. 수학을 잘해야 빅데이터 분석가가 될 수 있나요?

A. 빅데이터 분석은 수학적인 증명과 통계적인 해석이기 때문에 수학을 잘하는 학생이 좀 더 유리하지만, 손으로 수학 문제를 푸는 것이 아니기 때문에 수학을 어려워해도 할 수 있는 직업이에요. 설령 수학이 두렵더라도 자꾸 접하다 보면 두려움이 사라지죠. 어렵다고 멀리하게 되면 더 어려워질 수 있어요. 수학도 자꾸 풀어 보고, 자꾸 대하다 보면 어느새 어려운 단계를 극복할 수 있을 거라고 생각해요.

Q. 빅데이터라 분석가가 되려면 어떤 전공을 선택하면 좋을까요?

A. 저는 대학 때 통계학을 전공했어요. 저처럼 통계학을 전공해도 좋고, 산업공학이나 컴퓨터공학, 기계공학 등을 전공해도 빅데이터 분석가가 될 수 있어요.

Q. 빅데이터 분석가가 되려면 어떤 역량이 필요할까요?

A. 데이터를 봤을 때 어떤 식으로 분석하면 참신한 분석 결과를 얻을 수 있을지 판단해야 하므로 데이터에 대한 감각과 창의력이 가장 필요한 역량이라고 할 수 있어요. 분석한 결과를 보기 좋게 작성하는 시각화 능력과 더불어 다른 사람이 이해하기 쉽게 설명하고 전달해야 하기 때문에 커뮤니케이션 능력도 중요해요. 수학만 잘한다고 메리트가 있는 것도 아니고, 수학을 어려워한다고 해서 일하기 어려운 직업도 아니랍니다.

Q. 빅데이터라 분석가의 전망은 어떻다고 생각하세요?

A. 4차 산업혁명 시대의 핵심인 빅데이터에 대한 관심이 높아지고 있고, 빅데이터 시장 규모는 급속도로 커지고 있어요. 그래서 앞으로의 전망은 밝다고 생각해요.

Q. 빅데이터 분석가의 연봉은 어느 정도인가요?

A. 다른 직업과 비교했을 때 연봉이 꽤 높은 편이라고 생각합니다. 저는 만족하면서 일하고 있답니다.

Q. 빅데이터 분석가에 관심 있거나 되고 싶은 친구들에게 해 주고 싶은 말씀이 있다면요?

A. 빅데이터 분석가가 되고 싶은 친구들에게 창의력을 키우고, 다양한 지식을 쌓고, 원리를 탐구하는 활동을 하라고 권하고 싶어요. 빅데이터 분석에서 가장 먼저 이뤄지는 것은 해당 산업에 대한 이해인데, 다양하게 경험한 것들이 분석의 소재를 이해하고 실제 분석 작업을 하는 과정에 필요해요. 그리고 분석 주제를 선정하는 일에는 창의력과 원리를 탐구하는 습관이 도움이 되기도 하고요. 제가 학생 시절로 돌아간다면, 다양한 간접 경험을 하기 위해 책을 더 많이 읽고, 사회 현상에 대해서도 좀 더 관심을 갖고 싶어요. 그리고 창의력을 키울 수 있는 활동들을 더 많이 해 보고 싶어요.

Part 3

누구나
마음 속 꽃을
피울 수 있어

우리는 모두
슈퍼스타야

_ 창의예술 융합 교육 전문가

전윤희

창의예술 융합 교육 전문가 각 과목을 개별적으로 가르치는 것이 아니라, 음악을 기반
으로 관련된 명화 작품, 미술에 관한 내용, 수학자 및 과학자에 관한 내용을 함께 가르치
고, 그것을 체육 등의 활동으로 표현하는 법을 가르친다.

"재능이 없는 사람들은 노력도 하지 않고 일이 이루어지기를 바란다. 그들은 실패를 교육이나 영감이나 능력 부족, 혹은 불운 탓으로 돌린다. 충분히 몰두하지 않은 탓이라고는 생각하지 않는다. 모든 참된 재능의 핵심에는 자각과 확신이 자리 잡고 있다. 어떤 일이든 그것을 성취하려면 어려움이 따르게 마련이라는 자각, 그리고 끈기와 인내심만 있으면 가치 있는 일을 성취해 낼 수 있다는 확신이 바로 그것이다. 따라서 재능이란 일종의 정신력이다." – 에릭 호퍼

그래, 난 아프리카 시컴둥이야

인간은 두 마리의 개를 키우고 있다고 한다. 그것은 바로 선입견과 편견이다. '견'이라는 글자가 '개'에 해당하는 한자어와 음이 같기 때문에 그렇게 말하는 것이다. 보통 '개'라는 글자를 좋지 않은 뜻으로 많이 사용하기 때문에 선입견과 편견은 바로 우리가 버려야 하는 대표적인 두 가지라는 뜻이기도 하다.

사람들은 가끔 자기와 다른 사람이나 튀는 사람을 보며 선입견이나 편견을 가지곤 한다. 나와 조금만 달라도 이상한 사람 취급을 하고, 생김새나 옷차림이 특이한 사람을 보면 뒤에서 쑥덕거리기도 한다. 내가 노력해서 바꾸기 힘든 것, 내가 선택한 게 아니라 타고난 외모를 두고 마치 그 사람이 이상한 사람인 양 놀리거나 뒷담화를 일삼는 행위는 결국 언젠가는 나에게도 부메랑이 되어 돌아온다. 우리 모두가 그렇게 완벽한 외모의 소유자들은 아니기 때문이다.

지금은 창의예술 융합 교육을 하고 있는 전윤희 전문가는 어렸을 때부터 남달리 피부가 까만 아이였다고 한다. 그래서 그녀의 별명은 주로 '아프리카 시컴둥이', '추장 딸', '연탄', '흑진주', '까마귀', '검둥이', '깜씨' 등이었다. 초등학교 1학년 때부터 이런 별명이 붙기 시작했고, 놀림도 많이 받았다고 한다.

어린 시절 그녀는 TV 다큐멘터리에서 흑인들의 하얀 이와 손바닥을 보며 놀란 적이 있었다고 한다. '손바닥이 어떻게 저토록 하얗지? 손등과 손바닥의 색깔이 반으로 나뉘어져 있잖아?'라고 생각하며 신기해했다. 그런데 그녀는 자신의 손을 내려다보면서 그 흑인들의 손과 자신의 손이 똑같다는 것을 알게 됐다. 확연히 다른 손바닥과 손등의 피부색을 본 순간, 그녀는 다른 사람들에게서는 찾아볼 수 없는 자신의 다름을 인정했다고 한다. 주위의 어느 누구도 흑인처럼 손바닥은 하얗고 손등이 까맣지는 않았다.

"맞아. 나 아프리카 시컴둥이야! 원래 이런 게 예쁜 거야."

그녀는 스스로에게 이렇게 이야기하며 자기를 놀려대는 친구들에게도 '놀릴 테면 놀려라' 하고는 아무렇지도 않다는 듯이 쿨한 아이인 척 행동했다. 짓궂게 그녀를 놀리는 남자아이들은 운동장 몇 바퀴를 돌아서라도 끝까지 따라가서 때려 주곤 했다. 그때 담임 선생님도 그녀를 '깜씨'라도 불렀다고 한다.

아무렇지 않은 척 애써 자기 자신을 위로했지만, 그녀에게도 놀림을 받는다는 건 힘든 일이었을 게다. 어쩌면 그녀의 밝은 성격 때문에 친구들은 그녀가 상처받고 있다는 걸 알아차리지 못했을지도 모른다. 심지어 선생님조차도 말이다. 그때 선생님이 그녀가 가진 원래의 예쁜 이름으로 그녀를 불러 주고, 외모에 관한 별명은 좋지 않다는 걸 친구들에게 가르쳐 주고 생각해 보게 했더라면 그녀가 받았던 상처도 조금은 줄어들었을 것이다.

백조가 오리들 무리에 있었을 때 오리들에게 놀림을 받으며 이상한 아이 취급을 당했던 것처럼, 내가 남들과 다르게 생겼다는 게 내가 못생겼다거나 못났다는 걸 의미하지는 않는다. 미의 기준은 내가 어디에 있느냐에 따라 달라지기 때문이다. 예쁜 외모가 우리에게 자신감을 주는 건 어쩌면 당연한 일일 수도 있다. 하지만 예쁘기만 한 사람이 결코 멋있는 사람을 의미하는 것은 아니라는 사실을 우리 모두는 이미 알고 있다.

만약 그녀가 친구들의 놀림에 위축된 나머지 자신의 밝은 성격대로 지내지 못했다거나, 부모님을 원망하고 자신을 자책하기만 했다면 그녀 안에 있던 어떤 특별함도 발견하지 못했을지 모른다. 어느 순간 거울을 들여다보면 나의 예쁜 점은 보이지 않고 못난 부분만 보일 때가 많다. 예쁜 곳이 열 개가 있고 못난 곳이 하나밖에 없어도 그 한 개만 유독 커 보이기도 한다. 그래서 온종일 거울을 들여다보는 친구들도 많다. 아무리 들여다봐도 해결되지 않을 걸 알면서도 말이다.

자신의 못난 부분에 집중하게 되면 어느새 나는 쓸모없는 사람처럼 여겨질 때가 있지만, 반대로 내가 못났다고 생각한 부분이 결코 못난 게 아니었다고 느껴질 때도 있다. 백조가 날개를 활짝 폈을 때 모든 오리들이 백조를 부러워했을 것이다. 쌍꺼풀진 눈보다 외꺼풀 눈이 더 매력적으로 여겨지는 시대에 살게 된 것처럼, 오늘은 단점 이라고 생각했던 것들이 내일이 되면 얼마든지 장점으로 둔갑할지 도 모른다. 그녀의 까만 피부가 어느새 그녀의 매력 포인트가 된 것 처럼 말이다.

좋은 선생님이 내 미래를 만들었어

선생님들 중에는 좋은 선생님도 많지만 그렇지 않은 선생님도 많 다. 그들도 사람이기 때문에 특별히 더 좋아하는 아이를 편애하기도 하고, 어떤 아이를 밉게 보기도 한다. 부부싸움을 하고 와서 학생에 게 괜히 화풀이하는 선생님도 있고, 가난한 집 아이들을 차별 대우하 는 선생님도 있다. 사명감을 가지고 학생들을 가르치는 선생님도 있 고 그렇지 못한 선생님도 있다. 학생들을 소중하게 여기고 꿈을 갖게 하는 선생님을 만나는 건 큰 행운이다.

그녀는 초등학교 3학년 때 만난 선생님 덕분에 꿈을 꾸게 됐다. 선 생님은 수업시간에 모든 아이들에게 눈을 감으라고 하고는 미래의 자기 모습을 상상해 보라고 했다. 그녀는 눈을 감고 자신이 되고 싶 은 모습을 그려 보았다. 생각에 빠져들다 보니 상상 속에서 한 줄기 의 빛이 자신을 비추었다. 그녀는 큰 무대 위에서 스포트라이트를 받 으며 즐겁게 뛰놀고 있었다. 그런 상상을 하는 것만으로도 가슴이 벅 찼다. 그녀는 그때부터 무대 위에서 스포트라이트를 받는 일을 하고 싶었다. 그녀에게도 가슴 뛰는 꿈이 하나 생긴 것이다.

그녀는 나서기 좋아하는 성격 덕분에 친구들 앞에서 자주 노래를 불렀다. 그때마다 선생님은 그녀에게 세계적인 성악가가 될 거라고 이야기해 주었다고 한다. 브로드웨이 무대에 올라가는 뮤지컬 배우가 될 거라며 응원해 주었다. 그녀는 선생님의 응원에 힘입어 성악가와 뮤지컬 배우가 되는 꿈을 꾸었고, 친구들에게 자신의 그런 꿈을 말하고 다녔다.

그녀는 꿈을 한층 더 키우기 위해 예술 고등학교에 진학했다. 자신의 집과는 멀리 떨어진 지역의 학교였기 때문에 그녀에게는 외국으로 유학을 가는 것과 별반 다르지 않을 정도였다. 가족 중에 음악에 조예가 있는 사람도 없었고 부모님은 모두 일 때문에 바쁘셨기 때문에 혼자서 버스를 타고 가서 원서를 내고 시험을 치렀다.

예술 고등학교에 입학하니 학교 특성상 전국에서 예체능을 잘하는 수많은 아이들이 모여 있었다. 그런데 첫 실기 시험 결과는 충격적이었다. 앞에서 3등이 아니라 뒤에서 3등을 한 것이다. 선생님은 1·2학년의 실기 성적은 중요하지 않다며 3년간의 장기 레이스를 잘 통과하는 사람이 결국에 승리할 거라고 용기를 북돋아 주었다. 그 말에 그녀는 위안을 얻었고, 지금 당장이 아니라 멀리 바라보며 기대할 수 있는 용기를 얻었다.

그러나 3학년이 되었다고 성악 실력이 단번에 좋아지지는 않았다. 그녀는 포기하지 않고 주 2~3회씩 선생님의 코칭을 받으며 꾸준히 레슨을 받았고 자신만의 연습 방법을 터득했다. 이탈리아어, 독일어로 된 가사들의 의미도 파악해 보고, 연기 연습도 했다. 노래하는 몸

을 만들기 위해 운동을 하고 살도 찌웠다. 나무젓가락을 물고 입이 얼얼할 정도로 수십 번씩 가사도 읽어 보았다. 다른 친구들이 수능 수시를 볼 때 부러운 마음도 들었지만, 연습 시간을 더 많이 확보하기 위해 조급한 마음을 접고 정시를 목표로 준비했다.

실기 시험장에 가서 보니 대학 입학시험은 고등학교 입학시험 이상이었다. 말하는 순간부터 성악가의 포스를 풍기는 친구들부터, 고등학생이 내는 소리가 맞나 싶을 정도로 오페라 아리아를 멋지게 부르며 연습하는 친구도 있었다. 그녀는 그 순간 기죽지 않기 위해 계속 마인드 컨트롤을 해야 했다.

"집중하자, 내가 연습한 것만큼이라도 완벽하게 부르고 나오자. 다른 사람과 비교하지 말고 나 스스로에게 후회 없도록 부르고 나오면 되는 거야."

　간절함 때문이었는지 그녀는 당당하게 시험장에 걸어 들어갈 수 있었다. 반주와 함께 자연스럽게 노래는 시작되었다. 그녀는 온몸의 근육들이 그녀가 치열하게 연습한 흔적들을 기억하고 있기라도 한 것처럼 노래를 불렀다. 그리고 그때까지 단 한 번도 1등을 해 보지 못했던 그녀가 중앙대학교 성악과에 수석으로 입학하게 됐다. 심지어 다른 친구들은 아리아를 부르고 자신은 가곡을 불렀는데도 말이다.

　만약 그녀가 예고에 들어가서 끝에서 세 번째로 실기 시험 결과가 나온 데 실망해 일찌감치 포기했더라면, 수시를 보러 가는 친구들을 보며 조바심에 연습을 충분히 하지 못했더라면, 실기 시험장에서 잘하는 친구들을 보며 주눅이 든 나머지 마인드 컨트롤을 하지 못했더라면, 자신의 꿈을 키워 줄 선생님을 만나지 못했더라면 그녀는 결코 수석 입학의 결과를 얻지 못했을 것이다.

　가끔 우리는 단기적인 성과나 빠른 결과를 원하며 조급한 마음에 일을 그르치기도 하다. 한 발짝만 더 가면 성공이 있는데 그걸 알아차리지 못한 채 방향을 틀어 버리기도 한다. 눈앞에 있는 시련과 좌절 때문에 멀리 보이는 꿈을 놓쳐 버릴 때도 있다. 소중하게 여기는 꿈일수록 우리 눈에서 멀리 떨어져 있는 것처럼 보일 때가 있다. 사실은 조금의 끈기와 인내로 금방 잡을 수 있는 꿈인데도 말이다. 그리고 쉽게 손에 넣은 것은 또 쉽게 사라져 버리기도 한다. 쉽게 얻은 것은 그만큼 대수롭지 않게 대할 때가 많기 때문이다.

　자동차 사이드 미러를 보면 "사물이 거울에 보이는 것보다 가까이 있음"이라는 문구가 적혀 있다. 거울을 통해 보면 자동차나 물체가 실제로는 더 가까이 있는데도 멀리 있는 것처럼 보일 수 있다는 이야기다. 물론 이것은 사고를 방지하기 위해 조심하라는 경고 문구이지만, 어쩌면 우리의 꿈도 우리가 생각하는 것보다 훨씬 가까이 있을 수 있다. 너무 가까이 있어서 어느 순간 갑자기 우리 마음에 쿵하고 부딪힐지도 모른다. 그러니 꿈을 비춰 주는 마음의 거울을 유심히 바라보면서 조금 더 달려 나가 보는 건 어떨까.

어느 날, 목소리를 잃은 성악가가 돼 버렸지

마라톤 선수들을 보면 단거리 선수들이 처음부터 속도를 내서 달리는 것처럼 달리지 않는다. 출발한 게 맞는지, 달리고 있는 게 맞는지조차 의심스러울 정도로 천천히 달리다가 어느 순간 속도를 내기 시작하고 또 어느 순간 속도를 늦춘다. 이렇게 완급 조절을 하지 않으면 절반도 못 가 지쳐서 나가떨어지기 때문이다.

우리의 인생에서도 단기간에 속도를 내서 진행해야 하는 일이 있고, 시간을 길게 잡고 속도를 늦추었다 빨리 했다 조절하면서 진행해야 하는 일도 있다. 초등학교부터 고등학교 때까지의 시간은 마라톤처럼 속도 조절을 해야 한다. 초등학생이었을 때부터 냅다 달리다 보면 고등학생이 되기도 전에 힘이 모두 빠져 버린다. 대학교에 갓 들어간 신입생들 역시 자칫하면 의욕이 넘쳐서 이것저것 여러 일들을 하게 되고, 과목 또한 어려운지 어떤지도 모르고 많이 수강하게 된다. 그렇게 되면 다음 학기에는 지쳐서 힘을 내지 못한다.

전윤희 교육 전문가 역시 대학 신입생이 되자마자 의욕이 앞서서 배우고 싶었던 것들을 하나씩 배우러 다니기 시작했다. 긴 호흡으로 장거리를 달려야 하는 일인데 단거리 경주하듯 달리고 있었다. 그녀는 리스트를 작성해서 그동안 하고 싶었던 것들을 했고, 미국으로 유학할 꿈을 품으며 입시생이었을 때와 마찬가지로 쉬지 않고 레슨도 받았다. 그러다 보니 한 학기가 끝나기도 전에 목소리에 이상 신호가 오기 시작했다. 성대에 낭종, 즉 혹이 생겨 버린 것이다.

그 상태로는 성악을 계속할 수 없다는 사실에 절망하며 '왜 하필 나에게 이런 시련이 왔을까' 생각했다. 신에게 원망도 많이 하고 방황하기 시작했다. 무대 위에서 스포트라이트를 받는 성악가와 뮤지컬 배우가 되겠다는 꿈을 좇아 10년간 치열하게 노력해 왔는데, 모든 노력이 한순간에 무너져 내렸다. 매일 눈물로 밤을 새고, 잠도 제대로 못 자는 생활이 이어졌다. 나중엔 말하기조차 힘들 정도로 목소리가 나오지 않았다.

그녀는 어쩔 수 없이 휴학을 했고, 병원에서는 수술을 권유했다. 성악가에게 성대 수술은 치명적이라고 주변 사람들은 모두 반대했다. 성대는 미세한 근육으로 이루어져 있어 자칫하면 목소리가 변할 수도 있기 때문이다. 하지만 결국 그녀는 성대 수술을 받기로 결정했다. 수술 후 병원에서는 2주 동안 말을 하면 안 된다고 했지만 그녀는 한 달 넘게 말을 하지 않았다. 그렇게 한 달이 지나서 말을 했을 때 정말 목소리가 깨끗해지고 하나도 아프지 않았다. 하지만 예전 수준의 성악 실력이 나오지는 않았다. 목은 치유됐지만 음이 뒤틀리는 등 목소리가 좋지 않았을 때의 발성 습관이 고쳐지지 않았기 때문이었다. 그래서 마치 처음 성악을 배우는 학생처럼 발성법과 호흡법을 다시 배우기 시작했다.

그때 그녀는 교수님마다 가르치는 방법이 모두 다르다는 것을 알게 됐다. 교수마다 스타일과 발성 방법이 달랐고, 여성과 남성에 따라서도 차이가 났다. 심지어 모음과 자음 등 기초적인 음을 발성하는 것조차도 각기 달랐다. 그때부터 그녀는 교수법 분야에 관심을 갖고 다양한 교수법을 찾아 공부하기 시작했다. 다양한 교육 프로그램에 등록하였고 새로운 교수법이 개설되면 가장 먼저 수강했다. 자신이 왜 목소리를 잃게 되었는지를 깨닫기 위해 교수법을 공부하기 시작했지만, 교수법을 배워 나갈수록 학생들에게 자신과 같은 좌절을 느끼게 하지 않겠다는 목적의식을 갖게 됐다.

목소리를 잃었던 걸 계기로 다양한 공부를 하면서 그녀는 창의예술 융합 교육 전문가가 되는 발판을 마련할 수 있었다. 자신처럼 잘못된 레슨 때문에 피해를 받는 사람이 생기지 않도록 7년간 30개가 넘는 교수법 자격증 및 수료증을 취득한 그녀는 '퍼스널뮤직' 대표로 있으면서 '한국창의예술융합교육연구소'를 설립했다.

그녀는 성악가, 합창단원, 뮤지컬 가수였다. 목 수술을 하고 나서도 그녀는 뮤지컬이나 오페라 무대에 많이 섰다. 그러면서 오페라 공연 기획도 했다. 그리고 지금은 그 모든 경험들을 모아서 음악을 통해 사람들을 교육하고 있다. 우리의 삶에는 매 순간 고비들이 있다. 평탄하게만 인생을 사는 것처럼 보이는 사람에게도 남들이 모르는

고비들이 있다.

　그녀에게도 한순간에 목소리를 잃을 뻔했던 고비가 있었지만 그 시간들을 잘 넘겼고, 지금은 또 다른 방법으로 자신만의 일을 해 나가고 있다. 더는 무대에서 스포트라이트를 받는 주인공으로서의 삶은 살 수 없을지도 모르지만 그녀는 좋은 선생님이 될 수 있는 잠재력을 발견했다. 그리고 지금은 누구보다 즐겁게 살고 있다. 막상 우리가 중요한 하나를 잃으면 모든 걸 잃는 듯해도 그것은 다른 무엇을 얻기 위한 경험이 될 수도 있다. 그녀가 비록 예전 같은 목소리를 찾을 수는 없었지만, 그 일을 계기로 새로운 분야의 전문가가 될 수 있었던 것처럼 말이다.

나는 사랑과 행복을 전하는 슈퍼스타야

성대 수술을 받고 노래를 할 수 없게 되었을 때 그녀는 풀죽은 채 신세 한탄만 하고 있었던 게 아니라 온 교내를 누비면서 해피바이러스를 퍼뜨리고 다녔다. 교내에서 그녀를 모르는 사람이 없을 정도로 수많은 친구를 사귀고 소통했다. 그때 해피바이러스를 전파하던 모습 그대로 여전히 그녀는 해피하다.

그녀는 항상 "사랑과 행복을 전하는 슈퍼스타 전윤희입니다"라고 자신을 소개한다고 한다. 그 이유는 세상이라는 무대 위의 주인공은 '나'라는 사실을 알게 됐고, 많은 사람들에게 '사랑과 행복'을 전하는 일이 자신의 사명이라고 생각하기 때문이다. 그녀는 아이들이 자기 안에 내재된 놀라운 잠재력과 능력을 깨닫도록 만드는 것, 그것을 싹 틔워서 자신만의 향기를 풍기는 아름다운 꽃으로 성장하도록 돕는 것이 자신의 역할이라고 말한다. 그것이 자신이 추구하는 교육의 가치이며, 아이들에게 바라는 교육의 효과라는 것이다.

그녀는 많은 경험들을 하며 20대 초반을 보냈다. 그럼에도 마음속에는 늘 공허함이 있었다고 한다. 어릴 때부터 무엇이든 잘할 거라는 이야기를 듣고 자랐고, 뭐든 하면 잘할 수 있겠다는 자신감도 있었다고 한다. 그런데 20대 초반을 지나고 보니 어딘가 부족했던 진짜 자신의 모습이 선명히 보이기 시작했다. 이것저것 많이 배우기도 했고, 하고 싶었던 것들을 많이 해 봤기에 할 수 있는 건 많지만 딱히 제대로 보여 줄 수 있는 게 없었다. 오디션을 보러 가도 자신 있게 내세울 만한 장기 하나 준비해 놓은 것이 없었다. 경험한 것은 많앗지만 그중에 남들보다 특출하게 잘할 정도로 깊이 있게 한 게 없었던 것이다.

그때부터 그녀는 한 가지를 시작하면 무조건 1년 이상을 하자는 목표를 갖게 됐다고 한다. 피아노와 태권도 등 그녀는 경험하는 모든 일들을 1년간 꾸준히 지속하기 위해 치열하게 노력했다. 그러다 보니 점점 '지속하는 힘'이 얼마나 중요한지 깨닫게 되었다고 한다. 성공하는 모든 사람들은 남들보다 조금 더 버틸 수 있었을 뿐이라는 사실을 깨닫기 시작했다고 한다.

사람에겐 누구나 장점과 단점이 있다. 얼마든지 자신이 가진 장점을 살려 일할 수 있다. 장점은 항상 나를 일으켜 세우지만, 단점은 언제나 나를 무너뜨리는 힘으로 작용한다. 단점이 가져다주는 절망감 때문이다. 그녀가 여러 방면에 취미를 가지고 조금씩 다 해 봤지만 특별히 잘하고 내세울 만한 게 없어서 무슨 일이든 끈기를 가지고 지속하자고 다짐했던 것처럼, 누구에게나 그런 끈기의 힘은 내재되어 있다. 그 끈기의 힘은 자기 자신을 믿느냐 믿지 못하느냐에 따라 밖으로 나올 수도 있고 묻혀 버릴 수도 있는 차이가 있을 뿐이다.

그녀는 자신이 그랬던 것처럼 사람들의 마음에 묻혀 있는 힘을 끄집어내고자 애쓰고 있다. 수많은 아이들을 교육하고 함께 지내다 보니 아이들이 가진 고유한 장점과 성향들이 그녀의 눈에는 보일 것이다. 어떤 아이들은 신체 지능이 뛰어나고, 어떤 아이들은 언어 지능이 뛰어나다. 그녀는 아이들이 가진 이러한 고유의 장점을 찾아 주고, 그것을 강화시켜서 재능으로 발전하도록 돕는 게 교육자의 역할

일 좀 하는 언니들 이야기

이라고 말한다.

그녀는 음악을 통해 아이들의 창의성과 예술성을 발달시키는 교육뿐만 아니라 특별한 선생님을 키워 내는 교육도 함께 진행하고 있다. "특별한 선생님이 특별한 아이를 만든다"라는 슬로건을 바탕으로 특별한 아이를 키워 낼 수 있는 특별한 선생님들을 양산하는 교육을 하고 있는 것이다.

그녀는 정말 많은 것을 배우고 다양한 경험을 하면서 살았다고 말한다. 목록을 빼곡히 채워 무언가를 배우러 다녔고, 성악이나 뮤지컬 공연은 물론이고 고아원 봉사, 국방부 산하 육군 대상 멘토링, 진로 강연에 이르기까지 다양한 일을 했다. 지금은 그 경험으로 자신의 실력을 다지고 좀 더 체계화된 교육 방법을 연구하고 있다. 그리고 바쁜 일정 때문에 미뤄 두었던 태교와 영유아 교육부터 다시 공부할 계획을 갖고 있다. 그녀의 수업이 더 단단하고 깊이 있는 수업이 되지 않을까 싶다.

그녀는 수술대 위에 누워 성대 수술을 기다리고 있을 때 기도했다고 한다. 목소리가 회복된다면 자신의 욕심을 내려놓고 많은 사람들에게 도움이 되는 삶을 살겠다고 말이다. 자신을 슈퍼스타라고 소개하듯 아이들 역시 스스로 슈퍼스타라고 믿도록 교육하고 있을 것이다. 그리고 아이들 마음에 꽃을 피우기 위해 그녀는 오늘도 씨를 뿌리고 물을 주고 있을 것이다. 자신의 꿈을 이루기 위해 그렇게 했던 것처럼 말이다.

창의예술 융합 교육 전문가 전윤희 언니에게 물어봐!

Q. 창의예술 융합 교육이란 어떤 것인가요?

A. 음악을 기반으로 해서 명화 작품에 대해서 배우거나, 수학자나 과학자에 대한 내용을 함께 배우고, 배운 내용을 체육 활동 등을 통해 표현하는 것입니다. 즉, 음악과 다른 과목을 접목하여 배우면서 기타의 다른 활동들을 함께하는 것입니다.

Q. 학생들이 왜 창의예술 융합 교육을 받아야 할까요?

A. 예전에는 책상 앞에 오래 앉아 있어야 공부를 잘하게 된다고 생각했었는데요, 최근의 연구에서는 가만히 앉아 같은 방식으로 공부하면 뇌가 피로감을 느껴 활동이 둔해지고 암기력이 떨어진다고 발표했어요. 반면에 주기적으로 몸을 움직이며 다양한 감각을 사용하면 뇌가 활성화되고 학습 효과가 훨씬 높아진다는 거죠. 음악과 춤, 스토리텔링이 함께하는 음악 활동은 가장 재미있는 활동이라고 생각해요. 우뇌를 자극해서 창의력도 함께 길러지고, 무의식적으로 음악을 듣는 것이 아니라 수업 주제에 맞추어 생각을 하도록 만들기 때문에 집중력도 길러지고요.

Q. 성악을 전공하셨는데, 교육 전문가가 되신 이유는 무엇인가요?

A. 대학 때 목에 혹이 생겨서 수술을 하게 됐어요. 성악을 하는 사람에게는 상당히 치명적인 일이었죠. 그 일이 생겼을 땐 왜 내

게 이런 일이 생겼는지 하늘이 원망스럽기도 했어요. 다행히 목소리는 돌아왔지만 그 전처럼 목소리가 나오지 않았어요. 이후에도 성악을 하고 뮤지컬도 했지만, 그 계기를 통해 교수법에 대해 공부하기 시작했고 30개 정도의 자격증과 수료증을 취득하게 됐어요. 그렇게 해서 음악을 기본으로 하는 교육 전문가가 될 수 있었어요.

Q. 창의예술융합교육연구소에서 하고 있는 일들을 소개해 주세요.

A. 창의예술융합교육연구소에서는 창의적인 아이들을 키워 내는 유아(3세~7세) 대상 '창의예술 융합 교육 프로그램'과 초등부(8세~13세) 아이들을 피아노와 사랑에 빠뜨리는 '슈퍼스타 피아니스트 프로그램'이 있고요. 스트레스를 낮추고, 자존감을 올려 주는 '슈퍼스타 성악 클래스'도 있어요. 입시를 위한 개인 레슨과 그룹 수업, 임신한 여성들을 위한 'SLH 태교 프로그램'과 유초등부를 위한 '아이네스중창단'까지 함께 운영하고 있어요.

Q. 성악을 비롯한 음악을 공부하고 있거나 앞으로 음악으로 진로를 선택할 친구들에게 해 주고 싶은 말씀이 있다면요?

A. 저는 음악을 통해서 행복을 전달하는 사람이 되고 싶어요. 우리 친구들에게도 세상에 음악이 있어서 얼마나 행복한지 알려 주는 사람이 되고 싶어요. 진심으로 친구들이 음악이 있어 행복한 사람이 됐으면 좋겠어요.

Q. 성악을 전공하는 학생들의 진로는 주로 어떻게 되나요?

A. 성악을 전공하면 주로 뮤지컬 배우나 성악가, 대학 교수나 강사로 진출하는 것이 일반적인 과정입니다.

Q. 어떤 성향의 친구들이 창의예술 융합과 같은 교육 전문가가 되면 좋을까요?

A. 특별히 정해진 성향은 없는 것 같아요. 아이들을 좋아하면 더 낫고, 음악을 사랑하면서 다양한 분야에 관심이 많은 사람이면 좋겠지요.

모든 것들을 아름답게
꾸밀 수 있어

_ 공간 연출가
하수잔

공간 연출가 종합적인 예술적 시각을 가지고 공간을 어떻게 꾸미고 연출할지 기획하고, 리노베이션 및 스타일링을 하면서 심미적 시너지 효과를 살리는 일을 한다. 앞서가는 감각을 이용해 현장에서 디스플레이하는 일부터 공간을 디자인하는 일까지 연출가로서 다양한 일을 하게 된다.

"위대한 사람은 단번에 그와 같은 높은 곳에 뛰어오른 것이 아니다. 많은 사람들이 밤에 단잠을 잘 적에 그는 일어나서 괴로움을 이기고 일에 몰두했던 것이다. 인생은 자고 쉬는 데 있는 것이 아니라 한 걸음 한 걸음 걸어가는 그 속에 있다." - 로버트 브라우닝

처음 직업은 무용수였어

인간의 감수성과 예술에 대한 욕구는 쉽게 잘라 버릴 수 있는 차원의 것이 아닐 뿐더러, 인간은 누구에게나 예술가의 기질이 숨겨져 있다.

예술에 대한 갈망과 관심은 인간성을 지켜 주는 도구이기도 하다. 우리에게 끊임없는 창작의 동력이 되어 주기도 하고, 감동과 소통의 매개체가 되기도 한다. 특히 우리 민족은 고조선 시대부터 춤과 음악을 사랑하였다는 역사적 증거와 흔적들을 많이 볼 수 있다. 춤을 잘 추든 못 추든 상관없이 그러한 기질은 우리의 유전자 깊이 내재돼 있다고도 할 수 있다.

하수잔 공간 연출가는 지금은 공간을 꾸미고 그 공간을 사람들에게 제공하는 일을 하고 있지만 예전엔 무용가로 이름을 알렸다. 그녀는 어렸을 때도 집을 꾸미는 걸 좋아했고, 그림 그리는 것도 좋아했다. 그런데 부모님은 그런 그녀를 보며 탐탁지 않게 생각했다. 20세기의 사람들에게 그림을 그리는 행위는 곧 가난하게 살아야 한다는 것과 같은 의미였기 때문이다. 편식이 심해서 몸이 약했던 그녀가 집

일 좀 하는 언니들 이야기

안을 꾸미는 일 또한 환영받지 못하기는 매한가지였다. 한창 뛰놀아야 하는 아이가 집에만 있는 게 부모님 눈에는 안쓰러워 보일 정도로 정적이기만 했으니 말이다.

몸이 약한 그녀를 건강하게 만들기 위한 방법을 찾던 어머니는 그녀가 네 살이 되던 해 무작정 무용학원에 그녀를 데리고 갔다. 어머니가 보기에 딸이 예술적 감각을 타고나기도 했고 춤추는 모습이 예뻐서였다. 그러나 무용학원을 방문한 첫날, 가락을 맞추던 장구소리에 너무 놀라 그녀는 그만 울음을 터트리고 말았다. 그러고선 다시는 무용학원에 가지 않았다. 지금도 그때의 놀랐던 기억이 생생할 정도로 어린아이에겐 깜짝 놀랄 정도의 큰 소리였던 것이다.

내가 어떤 걸 거부할 때 그것이 나의 일이 아니면 그 일은 내 손에서 쉽게 떠나간다. 하지만 그 일이 나를 위해 예비된 일이면 아무리 거부를 해도 결국 내 앞에 떡하니 다시 오게 된다. 그것이 어쩌면 일과 나 사이의 운명일 것이며, 내가 해야만 하는 일일 수도 있다.

그녀가 소스라치게 놀라서 다시는 방문하고 싶어 하지 않던 무용학원을 여섯 살이 되던 해 또다시 가게 되면서 무용가로서의 삶은 시작됐다. 가족들 모두가 예술 쪽에 재능이 있었고, 무용에 대한 재능을 발견한 부모님은 딸의 재능을 살려 주고 싶어 했다. 그녀는 무용뿐만 아니라 어렸을 때부터 조기 교육으로 다양한 예술적 체험을 많이 했다고 한다. 부모님이 그녀에게 관심을 많이 쏟고 다양한 기회를 제공했다는 걸 알 수 있다.

그녀의 모든 예술적 체험들이 그녀가 무용가로서 살아가는 데 여러모로 도움을 주었을 것이다. 다른 경험들이 그랬듯이 무용 또한 처음에는 그냥 한번 해 보는 것에 불과했을지도 모른다. 점점 시간이 지나면서 무용은 그녀에게 운명으로 변했다. 그녀는 여섯 살부터 초등학교 시절까지 한국무용을, 중학교에 올라가서는 현대무용을 했다. 그리고 고등학생 때부터 대학까지는 발레를 전공하면서 무용가로서의 수순을 밟아 갔다. 처음에는 단순히 딸의 몸을 건강하게 만들어 주기 위해 시작된 춤이 그녀의 삶 자체가 됐다.

그녀는 특정 무용단에 소속되는 대신 개인 무용 공연을 주로 했다. 조직 문화 자체도 잘 맞지 않았지만 무엇보다 독특하고 개성 있는 무대를 연출하고 싶은 열망이 컸기 때문이다. 창작 무용 등 다양한 장르를 아우르는 무용을 하면서 파티 문화와 접목하는 등 자신만의 무대를 정착시켜 나갔다. 자신만의 춤을 추면서 연극과 영화의 안무를 담당하기도 했다.

하지만 그녀에겐 신체적인 콤플렉스가 있었다. 무용을 하려면 우선 팔다리가 길어야 하고 얼굴도 작아야 하는데 자신의 신체 조건이 그에 부합하지 않는다고 생각했다. 그때는 그것이 아주 큰 문제처럼 느껴졌다. 게다가 무릎을 다치면서 춤에 대한 한계까지 느끼게 됐다.

그녀는 전국무용제에서 대상을 타기도 했지만 자신의 이런 콤플렉스와 부상을 끝내 극복하지 못했다. 그랬기에 공간 연출이 더 매력적으로 다가왔을 수도 있다. 개인 공연을 하다 보면 음악과 공간 연출, 무대 의상, 조명, 그리고 안무까지도 체크해야 할 때가 많다. 그러다 보니 무대에 대한 종합적인 접근이 자연스레 그녀의 몸에 배었다.

일 좀 하는 언니들 이야기

요즘 그녀는 무용 무대 연출을 하는 꿈을 꾸고 있다. 비록 무용가의 자리에서는 내려왔지만 무용을 했기에 또 다른 꿈인 연출가를 꿈꿀 수 있게 됐다. 앞으로 다른 무용가들의 춤과 연기를 더욱 더 돋보이게 해 줄 무대가 그녀의 손에 의해 탄생하지 않을까 싶다. 그날이 오면 그녀는 자신의 신체적 한계로 괴로웠던 지난날의 어린 자신을 만나 진정으로 위로를 건네게 될지도 모르겠다.

나 대신 주변을 밝히는 것도 능력이야

예전의 청춘 드라마나 영화에서 늘 주인공을 하던 배우는 이제 아저씨가 됐다. 더는 주인공이 아니라 조연의 역할을 맡기도 하고 서브 주연의 역할을 맡기도 한다. 물론 간혹 주인공의 역할을 맡기도 하지만 예전만큼 흔한 일은 아니다. 하지만 그 배우가 주연이든 조연이든 드라마 하나를 만드는 데 그의 역할은 꼭 필요하고, 자신의 역할을 충실히 했을 때 그의 연기는 빛이 난다. 심지어 요즘은 주연보다 더 눈에 띄는 조연들도 많다.

우리는 누구나 주인공이었던 시절이 있다. 기억에는 없더라도 우리가 태어난 순간, 우리가 어린아이였을 때 부모님을 비롯한 많은 사람들의 관심이 나에게로 집중됐던 시간들이 분명 있었을 거다. 내가 세상의 중심이 되는 순간이 반드시 한 번쯤은 오게 되어 있다. 그리고 그 주인공 자리에서 내려가는 날도 올 수 있다.

사람들은 누구나 관심의 중심에 있고 싶어 한다. 충분히 주인공의 삶을 살아야 할 자격이 있는데도 그렇지 못한 삶을 살고 있다는 생각이 들면 자신이 실패했다고 쉽게 단정 내리기도 한다. 우리가 외로워지는 가장 큰 이유는 자신을 패배자라고 결론 내린 채 스포트라이트의 모든 영광은 오직 주인공만이 받는 것이라고 믿기 때문이다.

하수잔 공간 연출가 역시 무용수였던 시절엔 무대 위에서 오롯이 홀로 조명을 받는 주인공이었다. 모든 사람들의 시선이 그녀의 춤사위와 얼굴 표정, 발동작 하나하나에 머물렀을 것이다. 천천히 그녀와 동화되어 그녀와 한 몸이 되어 함께 춤을 추었을 것이다. 그녀는 이제 무대에서 내려와 자기 자신을 빛내는 대신 공간을 빛내고 있다. 사실, 자기 대신 공간을 빛낸다고 해서 그녀가 더는 주인공이 아닌 건 아니다. 이제는 주인공이 된 공간과 그 공간을 아름답게 만들어 낸 그녀가 함께 박수를 받기 때문이다.

그녀는 춤을 추면서 어렸을 때는 몰랐던 것들이 보이기 시작했다고 한다. 무용을 하다 보니 예술적 감각보다는 테크닉이 더 필요한 분야라는 생각이 들었고, 자신에게는 타고난 예술적 재능을 좀 더 발휘할 수 있는 분야가 어울린다는 느낌을 받았다고 한다. 무용가로서 춤을 추는 것도 자신의 예술적 재능을 발휘할 수 있는 분야이긴 하지만 종합적인 예술을 하고 싶은 마음이 컸기에 연출 분야에 매력을 느끼고 관심을 갖게 됐다고 한다. 그녀는 무용 실기 등의 대학 강의도 하고 무용가로서 공연을 하는 등 다양한 활동을 하긴 했지만, 마음 한구석에는 안무가와 연출가에 대한 꿈이 더 커지게 됐다. 공간 연출에 관한 수업을 진행하기도 하지만 그것만으로는 공간에 대한 그녀의 열정을 채울 수 없었다.

일 좀 하는 언니들 이야기

공간 지각 능력이 남들보다 뛰어났기에 그녀에겐 연출가로서의 숨은 잠재력이 있었다. 공간 연출가는 아트디렉터의 역할까지 소화해야 하므로 종합적인 예술적 접근이 필요하다. 우선 공간을 어떻게 채울 것인지, 어떻게 공간을 비우고 또 드러낼 것인지를 기획해야 한다. 오감을 만족시켜 줄 수 있는 감성적 접근을 통해 공간을 리노베이션(개보수)하는 일부터 라이프 스타일을 반영해 심미적 시너지 효과를 살려 주는 공간 스타일링까지 할 수 있어야 한다.

　공간 연출가는 꽃 하나를 어디에 어떻게 놓아둘 것인지, 가구 사이의 배치는 어떻게 해야 할 것인지, 전체적인 구도를 어떻게 잡아야 할 것인지, 세밀하고 작은 것에서부터 크고 복잡한 영역까지 미시적이면서도 거시적인 관점을 두루 갖추고 있어야 한다. 남들보다 앞서가는 감각을 바탕으로 현장을 디스플레이하는 일부터 다양한 공간을 디자인하고 연출하는 일까지 해야 하는 것이다.

　그녀가 연출한 테이블을 보고 있으면 마치 잡지에 나오는 사진 같다. 그 테이블을 보고 사람들은 감탄하며 사진 찍기에 바쁘다. 단순한 모임이나 파티에만 그녀의 테이블이 사용되는 게 아니라 사업을 하는 과정에서 이루어지는 협상 테이블 전략으로도 사용된다. 얼마 전 그녀는 사업자들을 대상으로 협상 전략으로서의 테이블을 어떻게 꾸밀지에 대한 강연을 한 적도 있다.

　무용가이던 시절의 그녀는 무대에서 오직 자기 자신의 동작과 모습만으로 주목을 받고 무대를 꾸몄다면, 지금은 공간의 구석구석을 연출한다. 공간 자체를 빛내면서 그 공간 위에 머무는 사람들까지도

빛나게 해 준다. 아름답게 꾸며진 공간에서 연극을 하는 사람, 파티를 하는 사람 모두 그 공간 안에서 행복감을 느낄 것이다.

그녀에게 공간이란 홀로 있는 공간이 아니다. 사람들이 서로 어울려 모임을 하는 공간이며, 많은 사람들이 자신의 창작물과 노력의 결과물을 올려두는 공간이다. 사람은 무언가에 목마르면 순식간에 그것에 빠져드는 경우가 있다. 그녀의 열정은 자신의 내부에서 외부로 향하게 되면서 주변을 밝히고 있다. 나를 비롯한 내 주위를 밝힐 수 있는 능력, 그것은 어쩌면 우리 모두를 주인공의 자리에 올려놓는 행위는 아닐까.

일 좀 하는 언니들 이야기

어제의 일이 오늘의 일을 만들어

우리가 어떤 낯선 곳에 갔을 때 그곳 사람들을 알려면 그들이 먹는 음식, 그들이 부르는 노래, 그들이 쓰는 말을 보면 된다고 한다. 평소에 그들이 어떻게 생활하고 있는지가 고스란히 그것들에 담긴다는 뜻이다. 내가 먹는 음식이 나의 몸 상태를 만들고, 내가 부르는 노래에 나의 정서가 담겨 있을 것이다. 그리고 평소에 내가 어떤 말을 쓰느냐에 따라 나의 인격도 드러나게 된다.

어제 내가 했던 모든 행위들이 오늘의 나를 만들고, 어제까지의 내가 모여 오늘의 내가 된다. 어제까지 먹었던 음식의 총량이 오늘의 내 몸무게를 만들고, 어제까지 봤던 교과서의 내용들이 오늘의 내 점수를 만든다. 어제와 단절된 오늘이란 있을 수 없으며, 어제와 관련 없는 일들이 나를 만들어 가지도 않는다. 지금 내가 하고 있는 모든 일들은 어제까지 내가 해 왔던 일들의 총체이며, 어제까지 꾸었던 꿈들의 결과물이다.

그녀는 무용을 했기에 자신의 예술적 재능을 발휘할 수 있는 공간을 만나게 됐으며, 그 공간을 만났기에 자신이 무용보다는 연출에 더 감각이 있다는 걸 알게 되어 그와 관련한 꿈을 꾸게 됐다. 무용가에서 공간 연출가로 직업의 명칭만 바뀌었을 뿐, 여전히 자신의 예술적 재능을 종합하여 무언가를 창조하는 건 똑같다. 그녀의 춤이 되었든 공간이 되었든, 그녀가 만들어 낸 것들을 통해 사람들이 영감을 얻고 감동을 얻는 건 똑같다. 그 안에 내재돼 있는 가치는 결국 이어지고 있다.

그녀는 오랜 시간 무용을 하면서 연출가가 되었고, 또 오랜 시간 공간 연출가로 활동하면서 지금은 파티 플래너로도 활동하고 있다. 아직도 우리나라에서는 파티라고 하면 그냥 먹고 마시는 것이라는 인식이 강하다. 그렇기 때문에 엄격한 룰이 지켜지는 올바른 파티 문화를 정착시키고 더불어 파티 기획자를 양산하기 위해 그에 맞는 프로그램도 진행하고 있다.

경험에 경험을 쌓아 나가면서 자신의 영역을 더욱 더 확장하는 건 아이디어와 창의력만 있으면 얼마든지 가능하다. 예술인 중에서도 무용가는 특히 활동할 수 있는 기간이 짧아 무용을 하면서도 자신의 장래가 고민인 사람들이 많을 것이다. 어쩌면 부상으로 더는 춤을 출 수 없는 상황을 맞게 될 수도 있다.

하수잔 공간 연출가 역시 부상과 콤플렉스로 무용을 그만두었지만, 자신의 역량을 다른 분야로 이어 나갔다. 사실, 직업의 생명력이 지금처럼 짧은 세상에서 단지 무용가가 생명력이 짧다고 미리 걱정하거나 고민할 필요는 없다. 우리가 무용을 했든 다른 일을 했든 그 경험은 분명 다른 곳에 쓰일 수 있고, 충분히 다른 직업으로 연결될 수 있다.

이 세상에 의미 없고 불필요한 경험은 없듯이 다양한 경험을 많이 하면 할수록 우리가 할 수 있는 일과 가질 수 있는 직업의 폭 역시 넓어진다. 이제는 우물 안의 개구리들도 더는 우물 안에 살지 않는다. 팔짝팔짝 뛰어다니는 게 자신의 정체성이라는 걸 깨닫게 되었기 때문이다. 그녀의 공간은 자신의 꿈을 이루는 곳이었지만 우리에게 공간은 결코 한정되어 있는 곳은 아니다. 어떤 무대 위로도 뛰어올라가 우리의 끼와 재능을 마음껏 펼칠 수 있다. 그곳은 단순히 물리적인 장소만을 의미하는 게 아니라 가상공간이 될 수도 있고, 인터넷 공간이 될 수도 있다.

우리에게 주어진 공간은 어쩌면 내 꿈의 크기와 재능과 잠재력을 뛰어넘을지도 모른다. SNS를 이용한 소통이 활발해지면서 정해진 공간을 넘어 다양한 스페이스에서 업무가 이루어지는 요즘, 이제 전 세계 사람들과도 시공간의 장벽을 뛰어넘어 일할 수 있게 됐다. 그러니 우리는 어떤 공간에서도, 어떤 자리에서도 일할 수 있는 능력과 내공만 키워 두면 될 것이다.

공간은 결국 나를 닮아 가

공간 연출가가 되기 위해서는 그녀처럼 오랜 경험을 통해서 자신만의 영역을 만들어 나갈 수도 있고, 관련 전공을 선택할 수도 있다. 공간디자인과, 실내디자인과, 무대디자인과, 실내인테리어학과, 주거환경학과, 전시디자인과, 연극연출학과, 미술학과 및 디자인학과 등 관련 학과는 무궁무진하다. 심지어 건축학과 출신들도 공간 연출을 하곤 한다. 학위보다는 실력과 감각, 예술성이 더 필요한 직업이라고 할 수 있다.

그리고 모든 예술 및 디자인 분야는 현장 경험 10년 이상은 기본이고, 처음부터 높은 연봉을 기대하기는 어렵다고 한다. 보통 공간 연출은 프리랜서 등의 자유로운 형태로 이루어진다. 자유롭다는 건 때로는 내 일을 스스로 만들어 내고 수익을 창출할 수 있는 기회까지도 자신의 힘으로 잡아야 할 때가 많다는 얘기이기 때문에 회사에 소속된 것보다 어쩌면 더 힘들 수도 있다. 대신에 월급쟁이와는 달리 자신이 일하고 노력한 만큼의 수익을 창출할 수 있는 기회를 얻을 수 있는 장점도 있다. 그리고 그녀처럼 프리랜서로 활동하며 다른 회사와 협업을 통해 일을 할 수도 있다.

그녀는 작업이 순조롭게 진행되고 뜻하던 대로 멋진 작품이 나왔을 때가 가장 기쁘다고 말한다. 공간 연출은 클라이언트의 의뢰를 받아 진행하는 작업이기에 클라이언트와의 소통이 중요하다. 어떤 공간이 연출되기를 원하는지 서로 의견을 교환해야 하고, 전문가 입장에서 사람과 공간의 조화를 클라이언트에게 설명하고 설득해야 한다. 그 과정에서 서로 소통이 제대로 이루어지지 않는다거나 진행 과정에서 뜻하지 않은 문제들이 발생할 수도 있다. 특히, 공간에 대해 제대로 이해하지 못하는 사람들을 이해시켜야 할 때는 무척 난감하기도 하며 지치기도 할 것이다.

어떤 일이든 힘든 일은 발생한다. 그것이 내가 좋아하는 일이든 좋아하지 않는 일이든 상관없이 예상치 못한 문제나 해결하기 어려운 문제들은 수시로 발생하기 마련이다. 그런 순간에도 지속적으로 일을 해 나갈 수 있는 끈기가 있다면 다음에 비슷한 상황이 발생했을 때의 충격은 훨씬 덜할 것이며 더 빨리 회복할 수 있다.

앞으로 그녀는 그동안 해 왔던 작업물들을 모아서 국내는 물론이고 해외에서도 전시할 계획이다. 테이블 세팅과 파티, 그리고 공간

일 좀 하는 언니들 이야기

연출에 관한 아카데미를 꾸준히 키워 해외에 진출할 계획 또한 갖고 있다. 그녀에게 공간은 거대한 삶의 일부분이자 우주와도 같다고 한다. 공간에는 사람들의 희로애락이 담겨 있다. 그래서 삶의 일부분이다. 그리고 한계와 제한을 두지 않고 얼마든지 창의적으로 만들어 나갈 수 있기에 우주와도 같다.

우리가 살아가는 공간, 좋아하는 장소는 그곳에 사는 사람과 그곳을 찾는 사람들을 닮아 있다. 웃음이 많은 사람들이 있는 공간은 밝은 레몬향이 날 것만 같다. 열정이 넘치는 사람들이 있는 공간은 어떤 곳보다 활력이 넘치는 공간일 것이다. 편안한 사람들이 있는 공간은 미술 작품을 바닥에 내려놓아도 전혀 어색하지 않다. 미술을 좋아하던 그녀는 바닥이라는 공간을 하나의 도화지처럼 생각할 수도 있고, 무용을 하던 시절의 경험을 살려 테이블 위의 여러 가지 식기와 꽃들을 무용수들처럼 배치할 수도 있다.

그녀 또한 공간 연출을 할 때면 그곳에 있는 사람들을 담을 것이다. 가족 모두가 있는 공간, 비즈니스가 이루어지는 공간, 음악과 연극이 있는 공간 등등 그녀의 모든 공간은 서로 다른 색깔과 다른 모습을 하고 있지 않을까. 그 어떤 것도 공간에서 튀어나오거나 따로 놀지 않도록 그녀는 공간을 비롯한 소품 하나하나, 그 안에 있는 사람 한 명 한 명을 감각적으로 그려 넣을 것이다. 그녀가 좋아했던 미술처럼 말이다. 공간은 그야말로 그녀의 작품을 그려 넣을 도화지 자체이다.

삶에서 우리는 누구나 자신만의 영역을 만들어 간다. 내가 가시 돋친 사람이면 나의 공간은 불안해지고, 내가 여유로운 사람이면 나의 공간은 편안해진다. 우리가 일하는 곳, 우리가 살아가는 곳에서 우리도 저만의 공간을 연출해 나가야 한다. 우리는 누구나 아름다움을 창조할 수 있는 사람들이므로. 나를 통한 주변의 모든 것들을 아름답게 만들 수 있는 사람들이므로.

앞으로 친구들에게 주어진 시간과 공간, 그리고 친구들이 해 나갈 일들과 꿈들 또한 친구들의 얼굴과 온 마음에 담기게 될 것이다. 그 안에 가장 예쁘면서도 다른 것들과 조화를 이룰 수 있는 색들을 채워 나가며 자신의 꿈을 가장 적절한 곳에 놓아둘 수 있기를 빈다. 가장 잘 보이는 곳에서 스포트라이트를 받을 수 있게!

공간 연출가 하수진 언니에게 물어봐!

Q. 무용수였다가 공간 연출가가 되셨어요. 무용을 전공하는 학생
들이나 무용수가 되고 싶은 학생들은 무용수의 생명이 짧은 데
서 오는 불안감들이 있을 것 같아요. 그런 학생들에게 어떤 말
씀을 해 주고 싶으세요?

A. 무용 전공자들은 아무래도 몸을 사용하기 때문에 다른 예술 분
야에 비해 생명력이 짧긴 해요. 하지만 강수진 발레리나처럼 자
기 관리를 잘해서 오랜 시간 동안 무용을 하고 있는 사람들도
적지 않아요. 저처럼 어쩔 수 없는 부상과 콤플렉스 등으로 그
만두게 되더라도 얼마든지 새로운 인생을 개척할 수 있어요. 그
리고 무용은 종합 예술이기 때문에 무대 미술, 안무 연출, 무대
의상, 공간 연출, 무대 감독 등 시각을 좀 더 넓혀서 자기 적성
에 맞는 콘텐츠를 얼마든지 개발할 수 있어요. 춤 외의 문화 및
예술 분야의 스킬을 쌓아서 제2의 전문성을 충분히 쌓을 수 있
다고 생각합니다.

Q. 공간 연출가가 하는 일을 소개해 주세요.

A. 우선 공간을 어떻게 채울 것인지, 그리고 어떻게 비울 것인지
기획하고, 감성적이고 종합적인 접근 방법과 감각을 가지고 공
간을 스타일링하고 디스플레이해요. 그리고 다양한 공간을 어
떤 식으로 나누고 꾸밀지 연구하고 디자인하며, 또 연출하는 일

을 하는 거죠.

Q. 공간 연출가가 되기 위한 과정이 궁금해요. 어떤 전공을 선택
해야 할까요?

A. 우선 저처럼 무용이나 기타의 예술 쪽 일을 하면서 꾸준히 경
험을 쌓은 다음 공간 연출가가 될 수도 있고요. 실내인테리어학
과, 공간연출학과, 연극연출학과, 미술 및 디자인 관련 학과, 건
축학과 등 다양한 학과 출신들이 이쪽 일을 하고 있어요. 사실,
전공이나 학위보다는 실력과 감각, 예술성, 재능 등이 더 필요
한 직업이라고 할 수 있어요.

Q. 프리랜서로 일을 하게 되면 자유로운 점도 있지만 모든 것을
혼자 해야 하기 때문에 어려운 점도 있을 것 같아요. 좋은 점과
어려운 점을 각각 들려주세요.

A. 프리랜서는 아무래도 시간을 자유롭게 사용할 수 있다는 게 가
장 큰 장점이지요. 커리어가 쌓일수록 사회적으로 인정받고 보
수도 높은 편이고요. 하지만 여러 가지 문제들을 혼자서 처리해
야 하므로 그만큼 스트레스도 만만치 않아요. 현장 경험과 실력
등 탄탄한 내공이 필요하기 때문에 인정받기까지 노력과 기다
림의 시간이 필요합니다. 프리랜서로 일하면 자칫 경제적 어려
움을 겪을 수도 있기 때문에 협업을 통해 일을 한다든지 회사에
소속돼서 일을 하는 방법도 있어요.

Q. 어떤 친구들이 공간 연출가가 되면 좋을까요?

A. 예술적 호기심이 많고 공간 지각 능력, 즉 공간에 대한 이해도가 빠른 친구들이 하게 되면 충분히 능력을 발휘하면서 즐겁게 할 수 있을 것 같아요.

Q 공간 연출의 앞으로의 전망은 어떻다고 생각하세요?

A. 앞으로의 전망은 참 밝은 것 같아요. 창의적인 직업을 요구하는 시대에 잘 맞을 뿐만 아니라, 1인 기업 등의 프리랜서 형태의 직업에 걸맞은 일 같아요. 1인 가정 등 라이프 스타일의 변화에 따라 공간에 대한 인식도 많이 바뀌고 있는 추세이기 때문에 무궁무진하게 창의적인 일을 할 수 있는 직업이거든요.

Q. 우리 친구들에게 하고 싶은 말씀이 있다면요?

A. 꿈을 잃지 말라고 말씀드리고 싶어요. 무용을 그만두었던 순간에도 저는 다른 꿈을 꾸었으니까요. 그리고 자기다운 삶을 살라고도 말하고 싶어요. 다른 사람을 따라가는 삶이 아니라 나만의 삶을 살고 나답게 살면 얼마든지 인생의 꽃을 피울 수 있어요. 나를 비롯한 세상을 아름답게 만들 수도 있고요.

Part 4

사람들을
돕는 일을 통해
기쁨을 느껴

상처 있는 사람은
다른 이의
상처도 볼 수 있어

_드라마 테라피스트

이종은

드라마 테라피스트 연극의 요소 및 기법을 이용하여 참여자(환자나 일반인, 장애우)의 성장과 정신 건강을 돕는 예술 치료를 한다. 사회적, 심리적 문제와 정신 질환 및 장애를 이해하고, 증상 완화·정서적 및 신체적 통합·개인성장이라는 치료 목표를 성취하기 위해 의도적으로 드라마 및 연극을 활용한다.

"인생은 폭풍이 지나가기를 기다리는 것이 아니라 빗속에서 춤추는 법을 배우는 것이다." - 가스 캘러헌

수줍음 많던 아이가 배우가 됐어

사람들은 흔히 배우가 되거나 무대 위에서 공연을 해야 하는 직업, 남 앞에 나서서 무언가를 해야 하는 직업은 대단히 적극적인 사람이나 외향적이고 활달한 성격의 소유자들이 할 수 있는 일이라고 생각하곤 한다. 하지만 유명한 배우들 중에는 어렸을 때 소극적이거나 내향적이었고, 사람들 앞에 서는 것조차도 두려워했다고 털어놓는 이들이 많다.

그러한 자신의 기질과 성향, 성격을 극복하고 무대 위나 남들 앞에 서는 직업을 가진 사람들은 그만큼 그 직업을 사랑하고 거기에서 어마어마한 매력을 느꼈기 때문일 것이다. 또한 싫어하는 무언가를 이겨 내면서까지 도전하고 싶은 열정과 용기가 가득한 사람이기도 할 것이다.

배우이자 드라마 테라피스트인 이종은, 그녀 역시 어렸을 때 무척이나 수줍음이 많은 아이였다고 한다. 아주 어릴 땐 해같이 밝은 아이라고 불릴 정도로 쉼 없이 까르르 웃어대던 아이였지만, 자신을 향해 실성했냐고 하는 친구들의 핀잔을 들으면서 더는 웃지 않게 됐다. 누가 웃는 얼굴에 침을 못 뱉는다고 했는지 알다가도 모를 일이다.

그래서 그녀는 여자애들 무리에 끼는 걸 힘들어했다. 친구들에게

무시를 당한 적도 많았다. 믿었던 친구에게 배신을 당해 상처를 받게 되면서 점점 자신의 모습을 잃어 갔다. 그때부터 말이 없고 내성적이며 존재감 없는 학생으로 변해 버렸다. 고등학교 때까지도 발표력이라고는 전혀 없는 학생이었다. 선생님이 책을 읽어 보라고 그녀의 번호라도 부르면 덜덜거리는 손으로 책을 잡고는 작고 떨리는 목소리로 겨우 읽어 내려가곤 했다.

그런 성향의 그녀가 배우를 꿈꾸게 됐다. 어렸을 때는 막연하게 배우나 가수, 선생님을 꿈꿨지만, 고등학생이 되어 본격적으로 진로 고민을 하면서 배우가 되겠다고 결심했다. 어렸을 때부터 드라마 보기를 즐겼고, 드라마에서 자신이 맡은 역할을 통해 다른 이들에게 감동을 주는 사람이 되고 싶었다고 한다. 주변 사람들은 모두 그녀의 성향을 아는지라 그녀가 배우가 되겠다고 했을 때 의아해했다. 가족들도 그녀가 배우가 되는 걸 반대했다. 하지만 그녀의 결심은 확고했다.

이왕에 배우를 꿈꾸게 됐으니 발표에 대한 공포부터 극복해야만 했다. 그래서 끊임없이 발표에 대비해 연습하고 또 연습했다. 지금 연습하지 않으면 연기자가 될 수 없다고 생각했다. 앞으로 더 많은 사람들 앞에서 연기를 해야 하는데 교실 안에서 발표하는 것조차 떨어서는 안 된다고 생각했다. 거듭된 연습 끝에 조금씩 발표할 때 떨리는 목소리와 손이 진정되기 시작했고, 목소리도 점점 커지기 시작했다.

무언가 부족할 때 우리는 그 부족한 면을 직면하기보다는 애써 외면하려고 한다. 굳이 그것을 이겨 내면서까지 목표를 이루는 것보다는 차라리 다른 대안을 찾는 게 더 쉬운 일처럼 보이니까. 그런데 그렇게 쉽게 포기할 수 있는 꿈이라면 우리의 진정한 꿈은 아닐 것이다. 당장 내 수중에 100억 원이 들어온다고 해도 계속 하고 싶은 일이어야 진정한 꿈이라고 할 수 있지 않을까?

우리나라 직장인들에게 만약 100억 원이 생긴다면 무엇부터 하고 싶으냐고 물었을 때 아마 직장부터 그만두겠다는 사람들이 태반일 것이다. 그렇다면 얼마나 많은 사람들이 자신의 꿈과는 거리가 먼 일을 직업으로 갖고 있다는 말이며, 또 얼마나 많은 사람들이 자신의 일에서 꿈을 찾지 못하고 있다는 말인가.

세상의 모든 사람들이 반대해도 그 반대를 무릅쓸 수 있고, 세상 모든 사람들이 안 된다고 말해도 나 자신만은 된다고 믿는 것, 그것이 꿈을 이룬 많은 사람들에게 있어서 꿈이라 불릴 수 있는 그 무엇이었다. 그녀에게도 마찬가지였다. 가족을 비롯해 모두가 반대했음에도 불구하고 그녀는 고등학교 때 처음으로 드라마에 출연하게 됐다. 물론 단역의 작은 역할이었지만 수줍음 많던 아이에겐 큰 도전이었다.

그 후 그녀는 잡지의 메인 모델로도 활동했다. 소극적이고 내성적이라 발표할 때 그저 모기 소리만 한 작은 목소리만 내던 그녀가 카메라 앞에서는 누구보다 환하게 웃었고 부끄러워하지도 않았다. 아마도 카메라 앞에서 그녀는 어느 때보다도 자유로움을 만끽했을 것이다. 누구의 눈치도 보지 않았을 것이다. 누군가는 그녀를 향해 잘

일 좀 하는 언니들 이야기

한다고 칭찬해 주었을지도 모르겠다.

동덕여대 방송연예과에 입학한 후에도 부모님은 10여 년 동안이나 그녀가 배우가 되는 걸 반대했다고 한다. 여전히 배우를 꿈꾸고, 배우로 활동하고 있었지만 부모님은 그녀의 열정을 충분히 알지 못했고, 배우라는 직업의 불안정함에 대한 걱정이 많았다. 원래 부모는 자녀가 안정적인 직업을 갖기를 희망하는 게 당연하다. 하지만 흥미를 고려하지 않은 안정감은 곧 무기력함으로 이어질 수 있기 때문에 직업은 꿈과 같이 가야 한다. 자신의 꿈을 담은 직업이야말로 갑자기 찾아오는 무력감도 이겨 낼 수 있다.

모두가 반대하는 꿈보다 모두가 응원하는 꿈을 갖는 건 행운이다. 모두가 반대하더라도 내가 나 자신을 지지하고 응원할 수 있는 힘이 있다면 그것 역시도 큰 행운이다. 가수나 배우를 비롯한 많은 연예인들 중에 처음에는 가족들이 모두 반대하다가 자신의 뜻을 굽히지 않고 성공한 후 가족들이 더 지지하고 응원하게 된 스토리를 가진 이들이 많다. 가족들이 훗날 누구보다 더 응원하고 지지하게 된 이유는 그들이 단순히 성공했기 때문이 아니라 자기 자신과 자신의 꿈을 믿고 꾸준히 밀고 나가는 모습에 결국 감동을 받았기 때문이다.

이종은 드라마 테라피스트 역시도 배우를 꿈꾼 후 흔들림 없이 사회생활을 했고, 여러 곳에서 강의를 하게 되면서 부모님도 안심하기 시작했다고 한다. 어쩌면 부모님 입장에서는 어린 마음에 한번 해 보고 싶었던 일이 아닐까, 저러다 금방 그만 두는 건 아닐까 하는 걱정이 앞섰을지도 모르겠다. 그게 아니라는 건 스스로가 증명을 해야 한다. 그리고 나 스스로에게도 증명해야 한다. 지금의 꿈이 어떤 바람에도 흔들리지 않을 진짜 꿈인지, 그 일을 하면서 내가 정말 즐거울 수 있는지 말이다. 자기 자신에게 증명하지 못하는 꿈은 남에게도 증명해 낼 수 없다.

그녀는 처음 배우라는 꿈을 꾼 때부터 10년 넘게 배우 생활을 하고 있는 지금까지 단 한 번도 배우의 꿈을 놓아 본 적이 없고 오히려 더 견고하게 그 꿈을 이어 나가고 있다. 꿈을 꾸는 것 자체가 어려운 일이 될 때도 있고, 그 꿈을 지켜 나가는 것도 마찬가지로 어려울 때가 있다. 그녀는 꿈을 꾸었고, 여전히 그 꿈을 지키고 있다. 그녀의 꿈에 대한 증명은 자신에게나 타인에게나 이미 충분한 셈이다.

연극은 나를 들여다보는 것에서 시작해

상처 입은 아이가 늘 웃고 있는 걸 본 적이 있다. 울어도 된다고 말해 주고 싶었다. 그런데 그 아이는 울고 싶지 않다고 했다. 왜 그러는지 이유는 모른다고 했다. 우는 건 슬픔이 빠져나갈 기회를 주는 행위다. 마치 눈물을 통해서 슬픔이 빠져나가게 하는 것처럼 우리에게 슬퍼도 된다고, 울어도 된다고 위로해 주는 것과도 같다. 그 아이는 어른이 돼서도 울지 않았다. 자신의 아이를 잃었는데도 눈물이 나지 않는다고 했다. 주변의 많은 사람들이 울지 않는 그 사람을 걱정했다. 자신이 슬픈 일을 겪었는데도 그 일을 마치 다른 사람의 일인 양 이야기하곤 했다. 그렇게밖에 할 수 없었던 이유는 슬픔을 마주하는 순간 자신이 무너져 내릴까 봐 두려웠기 때문이다.

　기쁜 일을 겪었을 때 우리가 마음껏 기뻐하며 웃을 수 있는 것처럼, 아프고 슬픈 일을 겪었을 때도 소리치고 울 수 있는 시간을 자신에게 허락해야 한다. 배우는 자기가 맡은 극중 역할을 분석한다. 대본에 적혀 있지 않은 그 사람만의 히스토리를 상상해서 적어 보기도 하고, 그 사람의 성격을 나열하면서 꼼꼼하게 분석하기도 한다. 그런데 자기 자신의 슬픔과 아픔을 모르는 체하면서 지냈던 사람이 배우가 됐을 때 극중 캐릭터의 마음을 온전히 이해할 수 있을까? 연극배우가 되기 위해서는 자신을 들여다보는 행위가 우선되어야 한다. 자신이 느끼는 감정을 인정하고 받아들일 수 있을 때 극중 인물의 상황이나 감정도 잘 받아들일 수 있기 때문이다.

그녀는 사람에 대한 사랑이나 긍휼히 여기는 마음이 있는 사람이 테라피스트에도 적합할 거라고 말한다. 긍정적으로 타인의 장점은 부각시켜 주고, 타인의 약점을 채우고 키워 줄 수 있는 통찰력과 사려 깊음이 필요하다고 한다. 그리고 상처받아 본 적이 있는 사람이 치유자로서 다른 이의 상처에도 공감적 이해가 잘될 거라고도 말한다. 극적 요소를 이해하고 진솔한 자기표현을 할 수 있는 사람, 창의력을 가진 사람이면 좋을 거라고도 했다.

나를 들여다보고 상처와 어려움을 극복해 본 사람은 다른 이도 그렇게 됐으면 하고 바라게 된다. 그녀는 한 편의 드라마를 할 때도, 하나의 캐릭터를 연기할 때도 자신만의 확고한 신념을 가지고 있었다. 자신의 연기와 자신이 출연하는 드라마를 통해 많은 사람들이 좋은 메시지를 얻길 바란 게 그녀가 연기자가 된 이유이고 지금까지 연기를 하는 이유이다. 그래서 그녀는 막장 드라마나 불건전한 내용을 담은 드라마보다 건전하고 긍정적인 메시지가 담긴 드라마에 출연하려고 한다. 그녀가 하는 드라마, 연극과 연극 치료 모두가 사람들에게 긍정적인 영향을 미치고 건강한 메시지를 전달하기 위함이었다.

그녀는 이렇게 배우 일을 하면서 대학원에 진학해 연극 치료를 전공하게 됐고 드라마 테라피스트로 일하게 됐다. 그리고 사람들을 좀 더 폭넓게 이해하고자 심리학도 함께 공부했다. 일하면서 공부를 하다 보니 10년이라는 긴 시간이 걸렸지만, 심리학을 공부하면서 자신이 몰랐던 인간의 내면에 대해서 이해하게 됐고 연극 치료에도 많은 도움이 됐다고 한다.

그녀가 연극 치료자의 역량으로 제시한 위의 요건들은 어쩌면 삶이라는 무대 위에서 우리 각자가 가져야 하는 모습들은 아닐까. 사랑과 긍휼로 사람들을 대하고, 타인의 단점보다 장점을 먼저 보는 것, 그것은 단순히 치료자의 조건을 넘어 인간관계에서도 필요하다. 자신의 상처를 먼저 들여다보고, 그것을 통해 타인의 상처에도 공감하면서 선한 영향력을 미칠 수 있게 된다면 내 삶을 바라보는 사람들 모두가 훌륭한 관객들이 되어 줄 것이다.

연기자가 꼭 연기만 할 수 있는 건 아니야

요즘의 연예인들을 보면 자신의 분야에서만 두각을 나타내는 게 아니라 여러 분야를 넘나들며 활발하게 활동한다는 걸 알 수 있다. 연기자가 노래를 하는 경우도 있고, 반대로 가수가 연기를 하는 경우도 있다. 개그맨보다 더 웃긴 배우들도 많다.

그들이 연예계에서만 일하고 있느냐 하면 그것도 아니다. 연예인 가운데 대학 교수가 된 사람들도 있고, 연예인과 교수를 겸하는 사람들도 많다. 연예인을 하다가 의류 사업을 하는 사람들도 있고, 또 그둘을 겸하는 사람들도 많다. 이제는 하나의 직업을 가졌다고 한 가지 분야에서만 활동하는 시대는 지났다.

연예인들뿐만 아니라 이 책에 등장하는 언니들이 대부분 몇 가지씩의 일을 한꺼번에 하는 걸 보면 우리는 원하는 때에 어떤 일이든 할 수 있는 시대를 살고 있다. 하나의 일에 대한 소망만을 가지고 일을 할 때보다 몇 가지의 일을 함께 하게 되면 원하는 더 많은 것들을 채울 수도 있다. 그리고 그 일들이 서로 시너지 효과를 낼 때도 많다. 자아 복합성이라는 개념이 있는데, 우리 안에는 하나의 자아만 있는 게 아니라 여러 개의 자아들이 있다. 많은 일을 할 때 우리 안에 있는 여러 개의 자아를 동시에 만족시킬 수 있게 되기도 한다.

연기자를 꿈꾸고 배우로 활동하지만 그녀 역시 다른 공부들을 하게 되고 배우 외에도 여러 가지 일을 하고 있다. 그중에서도 그녀가 드라마 테라피스트라는 직업을 갖게 된 계기는 어떤 여자 연예인의 자살 때문이었다고 한다. 그 여자 연예인의 자살은 그녀에게 뿐만 아니라 대한민국 국민들에게도 상당히 충격적인 일이었다. 그 일로 인해 그녀는 예술인들의 치유에 대해 관심을 갖게 되었고, 지금의 길을 걷게 됐다.

연극 치료(drama therapy)는 연극의 요소 및 기법을 이용하여 참여자의 성장과 정신 건강을 돕는 치료 기법이다. 극적 현실 속에서 참여자의 경험을 재현하고 변형함으로써 일상 현실에서 그의 생각, 감정, 행동상의 특정한 변화를 끌어내는 것이다. 내담자의 역할 레퍼토리(상황과 대상에 따라 행동을 변화시킬 수 있는 능력)를 확장하고, 개별 역할을 보다 충실하게 수행할 수 있는 능력을 키워 의식과 행동의 변화를 이끄는 것이 연극 치료의 목표이다.

부부 문제나 가정 문제를 해결하기 위해 상담을 하다가 역할극을 하는 장면을 텔레비전 프로그램을 통해 보곤 한다. 그 장면을 보기 전에는 참여자들이 진짜 자신의 역할에 몰두할까 의심스러웠다. 옆에서 지켜보는 사람들도 있는데 쑥스러워하거나 거부하지 않을까 생각했다. 하지만 대부분의 사람들은 자신이 맡은 역할에 몰입하면서 진짜 그 상황에 놓인 것처럼 행동하곤 했다. 어떤 이는 도중에 펑펑 울기도 했으며, 자신이 치료에 참여하고 있다는 사실조차 잊어버린 채 그 상황이 진짜라고 느끼는 듯 보이기도 했다.

다른 사람들이 지켜보는 상황에서도 그렇게 치료 과정에 동참할 수 있다는 건 어떤 일로 인해 생긴 자신의 상처가 낫기를 바라고 회복되기를 바라는 열망이 크기 때문이다. 다른 사람들이 나를 어떻게 바라볼까에 대한 걱정보다 내 마음이 회복되는 게 더 중요하다. 내 아픈 마음을 알아챘다는 것, 치료자를 찾아갔다는 것이 치료 과정에 적극적으로 동참하겠다는 의지의 표현이기도 하다. 혹여 역할극에 동참할 의지가 전혀 없이 누군가에게 이끌려 갔다고 하더라도 내 자신을 사랑하는 마음이 조금이라도 있다면 치료자에 대한 믿음과 신뢰를 갖는 게 좋다. 역할극을 통해 마음이 편해질 수 있다고 기대하면서 마음의 문을 여는 것은 나 스스로에게 나이질 기회를 허락하는 거니까.

그녀는 지금까지 드라마, 연극, 뮤지컬, 영화, 광고, 지면 모델 등 많은 분야에서 활동했고, 현재는 연극과 드라마에서 활동하고 있다. 그러면서 연극 치료를 하고 있다. 한국문화예술교육진흥원 소속

Teaching Artist(학교 예술 강사)로서 초등학교에서 문화예술 교육 연극 분야로 창의적 체험 활동 연극이나 기본 교과인 국어를 연극으로 가르치기도 한다. 그리고 대학교 방송연예과에서 강사로서 호흡과 발성 및 화술 교수법을 강의하기도 했다.

그녀는 지금까지 드라마나 연극 등에서 다양한 역할들을 맡았다. 자신의 삶에서 맡고 있는 역할 역시 다양하다. 우리 모두는 자신이 맡은 다양한 역할에서 각기 다른 자신의 모습을 만나기도 한다. 때로는 앞장서서 일을 하기도 하고, 때로는 뒤에서 누군가를 도와주는 일을 하기도 한다. 어떨 때는 나의 역할이 커지고, 어떨 때는 작아진다. 앞으로 내가 할 일이 어떤 일이든 간에, 내 일에서 의미를 찾고 사람들에게 선한 영향력을 미치는 것이야말로 내가 진짜 주인공인 삶을 사는 게 아닐까.

일 좀 하는 언니들 이야기

누군가를 치료하는 그 아름다운 일에 대하여

그녀가 이 일을 하면서 가장 기뻤을 때는 처음 만났던 자폐아동이 호전되었을 때라고 한다. 2009년에 만난 친구는 자폐증과 서번트 신드롬(Savant syndrome)이 있는 특별한 아이였다. 치료사라고도 할 수 없을 정도로 부족함이 많았던 대학원생 시절이었기에 오히려 정성과 사랑으로 그 아이를 대했다고 한다.

6개월 이상 만나면서 처음엔 눈도 잘 마주치지 않던 아이가 사람과 눈을 마주치며 말도 하는 등 놀랍게 호전되어 갔다. 물론 대답은 없었지만, 그녀는 아이가 바라보는 세상을 오랜 시간 지속적으로 같이 바라보고, 묻고, 얘기해 줬다. 그 아이의 세상을 사랑하니 어느덧 그녀가 바라보는 세상도 아이에게 소개해 주고 싶었다고 한다. 그런 마음을 알았던 것인지 그 아이 역시 그녀의 눈을 마주보며 삶을 나누기 시작했고 부모님과 사회복지사, 다른 사람들과의 관계에도 영향을 미치게 됐다. 부모님이 변화된 아이의 모습에 감격해 감사의 인사를 전했을 때 그녀도 눈물이 났다고 한다.

내가 누군가를 변화시켜야겠다고 마음먹었을지라도 실제로 누군가를 변화시키기란 쉽지 않다. 내 마음조차 내 의지와 뜻대로 되지 않는데 남의 마음을 내가 원하는 방향으로 이끈다는 건 어쩌면 인간의 힘으로는 불가능한 영역일지도 모른다. 하지만 그녀의 마음속에는 진심은 언젠가는 통한다는 믿음이 있었다. 그 아이를 마음 가득 품고서 진심과 전력을 다해 그 아이를 대했다. 그래서 진심은 힘이 세다.

그녀는 주로 장애 분야 치료사로서 활동하는데, 일의 가치나 보람이 높아서 힘들다고 느끼기보다 오히려 감사와 성취감을 많이 느낀다고 한다. 그러나 가끔 치료에 대한 사람들의 무지 때문에 힘들게 느껴질 때가 있다고 한다. 심리 상담이나 치료 등은 한 사람의 전인격을 만나는 일이다. 따라서 전문적인 기술을 갖춰야 하고 그만큼 공부도 많이 해야 한다. "선무당이 사람 잡는다"라는 속담이 있듯이 잘못 배우거나 배움의 기간이 짧은 사람들이 치료의 일을 했을 때는 잘못된 지식과 불안전한 기술로 진단 자체를 잘못 내릴 수도 있다. 그런데 요즘은 3개월 정도의 과정만 이수하면 쉽게 자격증을 주는 기관들이 있고, 그런 곳에서 자격증만 따서 활동하는 사람들이 늘어나고 있다고 한다.

한 사람을 제대로 알려면 최소 여덟 가지 이상의 심리 검사를 해야 한다는 말이 있다. 그 만큼 상담사나 치료사가 알아야 할 지식이 많고 오랜 수련 과정을 거쳐야 한다는 뜻이다. 또한 스스로 많은 경험을 쌓고 부지런히 연구도 해야 한다. 그런데 그런 과정을 생략한 채 몇 개월 만에 자격증을 따서 누군가를 만나고 치료한다는 것은 너무나도 무책임한 일이다.

이런 현실이기에 치료사를 방문하는 사람들, 즉 내담자들은 미술 치료, 음악 치료, 연극 치료 등의 예술을 이용한 치료를 하는 사람들이 얼마만큼의 교육과 수련을 받고 어느 정도의 경험을 쌓았는지부터 먼저 확인하는 것이 중요하다. 몸이 아플 때 전문의가 아닌 인턴에게 수술을 받고 싶은 사람은 없는 것처럼 마음이 아플 때 역시 전문가에게 치료를 받아야 하는 건 지극히 당연한 일이다.

누군가를 치료하는 행위는 아름다운 일이다. 그리고 또 한편으로는 매우 위험한 일이자 신중해야 하는 일이기도 하다. 대상을 향한 진심 어린 마음과 전문적 기술을 갖춘 상태에서 치료자로서의 일을 감당할 때에야 자신에게도, 나를 찾아온 이에게도, 그 누구에게도 부끄럽지 않은 사람이 될 수 있을 것이다.

그녀는 앞으로 예술인의 심리적 치유에 관한 연구와 연기자 대상 치유 센터를 설립하여 예술인의 복지와 심리 상담을 전문으로 하는 게 목표라고 한다. 한국 예술인의 복지, 특히 작품 후 역할 벗기 케어 등을 연구해서 할리우드에서처럼 심리적 케어 서비스가 바로 진행될 수 있도록 하는 것이 꿈이라고 한다. 그리고 연기 전공 학생들을 위해 학과 과목에도 '역할 벗기' 과목을 만들고 싶다고 한다.

배우들 중에는 자신이 맡은 캐릭터에서 벗어날 수 없어서 힘들어하는 사람들이 의외로 많다. 몇 달이 지나도 자신이 맡았던 역할에서 벗어날 수 없어서 우울증에 시달리다가 자살한 여배우도 있었다. 그렇기에 그녀의 꿈과 앞으로의 비전이 더 가치 있고, 의미가 있다. 역할을 입는 것뿐만 아니라 맡았던 역할을 벗고 다시 일상의 자기 자신으로 온전히 돌아갈 수 있는 일을 누군가의 도움으로 더 쉽게 할 수 있다면 배우들뿐만 아니라 배우 지망생들에게도 많은 도움이 될 것이다.

드라마 테라피스트 이종은 언니에게 물어봐!

Q. 배우가 되고자 희망하는 친구들이 많을 것 같아요. 그런데 외모 등에서 자신 없어 하는 친구들이 많은데 배우에게 외모가 얼마나 중요하다고 생각하시나요?

A. 이미지 캐스팅 비율이 높으니 외모는 중요해요. 그런데 예쁘고 잘생긴 배우만 필요한 건 아니잖아요. 어떤 분야에서든 여러 배역이 있으니까요. 자신의 개성이 잘 드러나도록 하는 게 더 중요할 것 같아요. 외향적인 부분은 확실히 캐스팅에서 우선이니까 외모와 목소리, 연기력이 조화를 이루어 맡은 배역을 잘 드러낼 수 있으면 좋죠. 그리고 미의 기준도 시대에 따라 많이 변했잖아요. 예전에는 선이 뚜렷한 얼굴을 선호했다면 요즘은 개성 있는 외모의 배우들이 더 두드러지는 추세이기도 하고요. 그리고 꼭 주연만 배우는 아니니까요.

Q. 배우 생활을 하면서 여러 오디션을 보게 되면 항상 좋은 결과가 있지는 않을 텐데 그럴 때 좌절하거나 배우를 그만두고 싶었던 적은 없으셨나요?

A. 고등학교 때는 좌절도 했지만 배우를 그만두고 싶었던 적은 없어요. 캐스팅은 하늘이 주는 선물이라 생각해요. 받으면 기분 좋은 선물이고, 받지 못해도 저보다 어울리는 사람이 그 배역을 맡는 게 작품에 더 낫잖아요. 내게 어울리면서 딱 맞는 것을 받을

때를 준비하며 기다려요.

Q. 드라마 테라피스트 관련 학과가 현재 많이 개설돼 있나요?

A. 서울권은 동덕여자대학교, 경기권은 용인대학교가 박사 과정까지 개설된 걸로 알아요. 예술치료학과가 석사뿐 아니라 박사 과정을 교육하고 있고, 평생교육원 등에서도 많이 생겨나고 있죠. 심리치료사가 되려면 심리학은 기본적으로 하셔야 해요. 미국 연극치료학회, 영국 연극치료학회 등이 있고, 로버트 랜디 박사가 있는 뉴욕대도 박사 과정까지 있고요.

Q. 드라마 테라피스트의 전망은 어떻다고 생각하세요?

A. 전망은 밝지만 우리나라에서 드라마 테라피가 정착하려면 10~20년은 걸릴 거라고 예상해요. 상담심리가 정착하기까지도 꽤 오랜 시간이 걸렸으니까요. 아직 심리 치료에 대한 신뢰가 정착하기까지는 시간이 좀 필요해요. 하지만, 미술 치료나 음악 치료가 정착을 한 것처럼 드라마 테라피도 전망이 밝다고 생각해요. 사회가 급변하고 예측할 수 없는 사건 사고가 발생함에 따라 연극을 통한 심리 치료가 필요한 사람들이 많아질 것으로 예상돼 연극 치료사가 더 필요할 거고요. 로봇의 시대가 온다고 해도 로봇으로 결코 대체할 수 없는 분야이기도 하니까요. 그런데 자격증을 학원 등에서 쉽게 따서 일을 하시는 분들이 많다 보니 예술 치료 쪽도 치유사 인원이 많아져서 경력에 비해 치료비를

예전보다 덜 받게 될 때도 있어요. 오랜 시간 배우고 일해 온 경력자들 입장에서는 어려움이 있는 부분이죠.

Q. 어떤 성격의 아이들이 드라마 테라피스트를 하면 좋을까요?

A. MMPI 성격 유형으로는 ENFJ(언변 능숙형, E: 외향성, N: 직관형, F: 감정형, J: 판단형)이 상담사나 드라마 테라피스트, 배우에 맞을 것 같아요. 홀랜드(Holland) 인성 이론에서 제안된 여섯 가지 성격 유형 중에서는 예술형이나 사회형 성격의 아이들이 적합할 거라고 생각해요. 그리고 무엇보다 사람에게 긍휼한 마음을 가지면 제일 좋겠죠. 다른 사람에 대한 관심이 필요해요. 아무래도 다른 사람을 도와주는 직업이니까요..

Q. 배우뿐만 아니라 연극 치료 역시 프리랜서 형태로 하고 계시는데, 수입이 안정적이지 못 하다거나 미래가 불안하다고 생각하신 적은 없으신가요?

A. 저는 배우를 오래 해서 일이 있는 날 외엔 쉬기도 하고 재충전의 시간을 갖기 때문에 회사를 다니는 등의 정규직인 분들과는 사고방식이 다른 편이에요. 일이 있으면 감사히 일을 하고, 수입 안에서 지출을 하면 되니까요. 오히려 불안하다기보다 제 성향에 적합해요. 온종일 한 공간에서 유사한 일을 반복하는 것이 저에겐 오히려 더 힘든 일이라고 느껴지거든요. 프리랜서로서 일하는 게 저에게는 시간 활용 면에서나 적성에 잘 맞습니다.

Q. 배우나 드라마 테라피스트에 관심 있는 학생들에게 해 주고 싶
으신 말씀이 있다면요?

A. 배우가 되기를 원하는 친구들은 배우라는 직업의 거품보다는
탄탄하게 배우 훈련을 하세요. 타인과 비교하지 말고 자신을 있
는 그대로 사랑하고 자신 있게 표현하는 것부터 시작하라고 얘
기하고 싶어요. 드라마 테라피스트로 일하기를 원하는 친구들
은 진정한 소통을 하는 것부터 시작해 보세요. 인간에 대해 깊
이 이해하고, 온전한 사랑에 대해 깊이 있는 탐구를 하면서 예
술로 소통하는 법을 배워야 하니까요.

우리 마음은
무엇보다 소중해

_상담심리사

김혜미

상담심리사 개인 또는 집단의 심리적 성숙과 사회적 적응 능력 향상을 위해 조력 및 지도하면서 심리적 부적응을 겪는 개인 또는 집단에 대한 심리 평가 및 상담을 한다. 지역 사회 상담 교육, 사회 병리적 문제에 대한 예방 활동 및 재난 후유증에 대한 심리 상담, 기업체 내의 인간관계 자문 및 심리 교육, 상담 및 심리 치료에 관한 연구 등을 하게 된다.

"당신은 수많은 별들과 마찬가지로 거대한 우주의 당당한 구성원이다. 그 사실 하나만으로도 당신은 자신의 삶을 충실히 살아가야 할 권리와 의무가 있다." - 맥스 에흐만

내 마음 나도 어려워

우리는 간혹 다른 사람의 문제는 간단하게 해결해 준다. 다른 사람의 고민을 듣다 보면 답이 보이고, 어떻게 하라고 조언도 해 준다. 남의 문제는 명쾌하게 다가오고 심지어 답이 빤한데 왜 고민을 하고 있나 한심해하기도 한다. 그런데 그것이 내 일이 되거나 내 고민이 될 때면 어렵기는 매한가지다. 세상에서 가장 어려운 문제가 돼 버린다. 친구와 얘기해 봐도 답이 보이지 않을 때도 있고, 이해받지 못할 때도 있다. 부모님한테는 도저히 털어놓을 수도 없고, 털어놓고 싶지 않은 문제가 생기기도 한다. 그럴 때면 혼자서 끙끙 앓아야 한다.

많은 사람들에게 자신의 문제는 어렵다. 자신의 마음을 모르겠다고 생각하는 사람들이 많다. 자신의 마음을 알지만, 자신의 진짜 문제를 깨닫게 될까 봐 두려워 모르는 척하는 사람들도 많다. 김혜미 상담심리사 또한 자신의 마음을 아는 것이 너무 힘들었다고 한다. 지금은 상담심리사로서 많은 사람들을 상담해 주고 있지만, 어렸을 때는 왜 자기 자신은 친구들처럼 하지 못하는지, 왜 마음과 다르게 행동하는지 알 수 없었다고 한다.

그녀는 초등학교 때까지는 친구들과 무리 지어 놀러 다니는 학생

이긴 했지만 학교나 교실에서 눈에 띄는 학생은 아니었다. 조용하고 부끄러움이 많은 아이여서 손을 들고 발표한 기억도 거의 없을 정도다. 중학교 때 합창 대회에서 지휘자를 하고 싶다고 용기 있게 지원했지만 담임 선생님이 결국 그녀의 바람을 들어주지 않았다고 한다. 만약, 그때 선생님이 그녀의 용기 있는 지원을 받아 주었더라면 그녀는 그 일을 계기로 더 용기 있고 적극적인 태도를 갖게 되지는 않았을까 하는 아쉬움이 든다.

그녀는 중학교에 올라가면서 더 조용한 성격이 됐다고 한다. 학창 시절엔 늘 두세 명의 좋아하는 친구들하고만 어울렸기 때문에 반에서는 거의 존재감이 없었다. 한 번도 얘기를 나눠 보지 못한 친구도 있을 정도였다. 있는 듯 없는 듯 아주 조용한 학생이었다.

그녀는 중학교 때 어떤 가수를 엄청 좋아했다. 반에서 유명했던 한 친구도 그 가수를 좋아했다고 한다. 점심시간에 교내 방송으로 음악이 나오면 반 친구들이 다 그 친구한테만 그 가수 노래가 나온다고 알려주는 것을 보며 '나도 그 가수 좋아하는데' 혼자서 속으로만 생각했다. 뭔가 자신이 지는 것 같은 느낌도 들고, 그 친구보다 자신이 더 좋아하는데 속상하기도 했다. 그녀가 어떤 가수를 좋아하는지 친구들이 알지 못하는 게 당연할 정도로 그녀는 친구들의 관심 밖에 있었다.

어쩌면 아이였던 시절의 그녀는 조용해서 눈에 잘 띄지 않았지만 '나도 남들 눈에 띄고 싶다'고 생각했을지도 모르겠다. 학교에서 인기 있는 친구들을 보며 그 친구처럼 되고 싶다고 생각했을 수도 있다. 조용한 친구들은 활발한 친구들을 부러워하고, 반대로 활동적이어서 가만히 있지 못하는 친구들은 차분한 친구들을 좋아하기 마련이다. 우리는 모두 자신이 갖지 못한 상대적인 성격을 부러워하는 존재들이기 때문에 그런 마음을 갖게 되는 건 당연하다.

어느 학교에나 존재하지만 그녀가 다니던 학교에도 일진이 있었다. 무리 지어 다니면서 잘 놀고 눈에 띄는 친구들이었는데, 그 친구들은 전교생 모두가 알 정도로 유명했다. 알고 지내는 친구들도 많고 선생님들도 그 아이들의 이름을 다 알고 있을 정도였다. 그렇게 사람들에게 주목받는 모습을 보면서 그녀의 마음속에는 부러운 마음이 생겼다고 한다. 자신은 조용하고 눈에 띄지 않는 학생이어서 반에서조차 자신을 모르는 친구도 있는데 말이다. 그녀도 그 친구들처럼 주목받고 싶었을 것이다. 비록 그 친구들이 좋은 행동으로 주목받는 것이 아니었다고 할지라도 말이다.

요즘 유튜브를 보다 보면 사람들에게 '좋아요' 클릭 한 번을 더 받기 위해 위험한 일도 서슴지 않고 동영상으로 찍어 올리는 친구들이 많다. 그러다가 진짜 큰 사고가 나기도 한다. '관종'이라는 말이 생겼을 정도로 누군가의 관심에 목마른 사람들도 많다. 그렇게 되기까지 우리는 너무 외로웠던 것이다. 우리가 어떻게 하면 서로 소통을 잘할 수 있는지 그 방법을 모르기 때문이다.

사람은 나보다 잘나 보이는 사람을 보면 부러워하고, 나도 그 사람처럼 되고 싶다고 생각하게 된다. 그것은 지극히 당연한 인간의 본능에 가깝다. 그런 마음이 지나쳐 나를 괴롭히거나 상대편을 괴롭히

는 행위로 이어질 때 문제가 되는 것이지 그런 생각 자체는 때론 긍정의 힘으로 작용하기도 한다. 누군가처럼 되기 위해 노력하는 결과로 이어지기도 하니까 말이다.

나를 애써 바꾸려는 행위가 스트레스가 된다든지, 지나친 자기 비하와 자기 학대로까지 이어진다면 나 자신을 있는 그대로 사랑하는 방법을 배워야 한다. 조용한 사람은 조용한 사람대로, 활발한 사람은 활발한 사람대로 할 수 있는 일들이 따로 있다. 누군가의 뒤에 있기

일 좀 하는 언니들 이야기

를 좋아하는 사람은 그런 사람대로, 또 사람들 앞에 나서서 무언가 하길 좋아하는 사람은 그런 사람대로 제각각의 역할이 있다. 각자의 성향에 맞는 일들을 선택하고, 자신의 성향을 발휘할 수 있는 자기만의 영역을 찾는 게 중요하지 남들처럼 되는 건 의미가 없다. 그녀가 자신의 성향에 맞는 직업을 찾아서 일을 하고 있는 것처럼 말이다.

세상의 모든 직업과 일에 활발한 사람만이 필요한 건 아니다. 조용하고 내향적인 사람들에게 맞는 일들도 무수히 많다. 우리는 흔히 내향적인 사람과 소심한 사람을 혼동하는 경향이 있다. 그 둘이 결코 같은 개념이 아니라는 걸 인정하게 되면 지금의 나를 애써 바꾸려 들지 않게 될 것이다.

심리학을 공부하면 나를 알 것 같았어

주변의 많은 사람들이 자신의 마음을 알고 싶어서 심리학 공부를 하게 되는 경우를 종종 보곤 한다. 나의 알 수 없는 행동이 도대체 어디에서 비롯된 것인지 알고 싶어 한다. 속으로는 이렇게 생각하는데 겉으로는 다른 행동을 하고 있는 건 어떤 마음 때문인지, 내 상처를 어떻게 하면 극복할 수 있는지, 나 자신을 어떻게 하면 사랑할 수 있을지 고민하다가 심리학을 전공하게 되는 사람들이 의외로 많다.

김혜미 상담심리사 역시 자신에 대해 알고 싶어서 심리학을 공부하게 됐다. '나는 친구들이랑 너무 다르네. 왜 이렇게 다르지? 나는 왜 그렇게 행동하지 못할까?' 그런 생각들을 하던 중, 대학교 학과 소개 포스터에 실린 심리학과를 알게 됐다. 그때는 그냥 막연하게 심리학을 공부하면 자기 자신에 대해 잘 알 수 있겠다는 생각을 했다. 그래서 심리학과에 진학하고 싶었고, 심리학과를 목표로 삼았다. 그때까지는 상담심리사에 대해서는 잘 알지도 못했고 무작정 심리학 공부를 해 보고 싶다는 정도였다.

심리학은 사람에 대한 학문이다. 그러다 보니 대학교에서 심리학 공부를 하며 그녀는 자연스럽게 자기 자신에 대해서 고민하고 알아가는 시간들을 갖게 됐다. 그러면서 고등학교 때 친구들과 관계가 끊어지고 갈등이 생겼던 상황에서 자신이 잘못 생각하고 있었던 부분에 대해서도 알게 됐다고 한다. 굳이 이야기하지 않아도 친구들은 자신의 마음을 다 알아줄 거라고 생각했다. 친구들이 몰라주는 것이 서운하게 느껴졌었다. 그 당시에는 그런 친구들의 모습에 서운한 마음을 느꼈다는 것조차 몰랐는데 심리학을 공부하면서 여러 가지 생각하다 보니 깨닫게 됐다고 한다. 그리고 말하지 않으면 상대는 모른다는 것도 알게 되었다. 그러면서 그녀의 성격은 좀 바뀌게 됐다. 그녀는 그제야 마치 사춘기를 겪듯 '나는 누구인가?'에 대해 끊임없이 생각하고 있었다.

내게 어떤 열등감이 있거나, 내가 도대체 어떤 인간인지 모를 때 우리는 의식의 가장 밑바닥까지 내려가 봐야 한다. 우리가 미처 알지 못했던 무의식의 세계에까지 도달할 수도 있어야 한다. 그런데 나를 알게 되고 내 본래의 모습을 직면하는 데는 용기가 필요하다. 왜냐하면 가끔은 내가 받아들이고 싶지 않고 감당할 수 없을 것 같은 나의 모습을 만나게 될까 봐 두려운 마음이 들기 때문이다.

그런 자신의 모습을 막상 맞닥뜨렸을 때 자신의 모습을 거부하거나 회피하는 사람들도 있다. 감춰졌던 모습, 애써 덮어 두었던 모습을 꺼내는 순간 자신이 무너져 내릴 것 같지만, 사실은 그것이 회복의 시작이다. 우리가 상처로부터 회복되기 위해서, 나를 더 사랑하기 위해서, 자신감을 회복하기 위해서는 꼭 한 번은 진짜 나를 만나야만 한다.

그녀는 심리학을 공부하면서 자기 자신과 깊이 대화하고 자신에 대해 알아 갈 수 있었던 점이 가장 좋았다고 한다. 이전에는 기분이 나빠지거나 우울해지는 상황에서 왜 그런지 이유를 알아차리지 못했다. 그런데 자기 자신를 만나게 되니 자기가 느끼는 감정을 있는 그대로 받아들이게 되었다고 한다. 그렇게 되면서 자기 자신을 더 보듬을 수 있었다고 한다.

그녀는 자신의 감정이 어디에서 비롯되었는지, 왜 지금 이런 감정을 느끼는지 알 수 없었고 잘못 인식할 때도 있었다. 그리고 그런 감정을 다른 사람들에게 잘 전달하지도 못했다. 하지만 지금은 자기 자신에 대해 알게 되고 자신의 감정을 이해하게 되었기 때문에 이전보다는 훨씬 더 쉽게 감정과 마음을 표현할 수 있게 됐다.

나와 가장 오랜 시간 가장 가까이 지내는 이는 바로 나 자신이지만 내가 나를 잘 모를 때도 있다. 내가 나를 잘 모르니 당연히 다른 사람에게도 나를 보일 수가 없는 것이다. 상담심리사가 되고 싶다면, 그 전에 우선 나를 알고 나의 상처를 회복시키는 일, 나의 감정을 읽어 주고 나를 위로하고 알아주는 일이 가장 필요할지도 모른다. 내가 회복된 후라야 다른 사람을 도와줄 힘이 생기는 건 당연한 이치다.

다른 이들과 소통하기 전 나와의 소통이 먼저야

초등학교 때 학년이 바뀔 때마다 희망 직업을 써서 내라고 하면 그녀는 선생님이라고 적어서 내곤 했다. 특별한 꿈이 없었기 때문에 친구들이 쓰는 대로 그냥 따라 쓰곤 했다. 그러다가 중학교 땐 사회와 학교에 대한 불만과 반항심이 생기면서 사회부 기자가 되어 부당한 일이나 비리를 캐내 알리고 싶다는 생각을 했다.

그러다 심리학이라는 공부를 하게 됐다. 심리학은 사회과학의 한 분야이기 때문에 신경심리나 통계학처럼 생각지도 못한 과목을 공부하기도 한다. 신경심리는 마치 신경정신과 의사들이 공부하는 것과 같은 어려운 용어들이 많이 나온다. 통계는 자연 및 사회 집단의 상황이나 연구 결과를 숫자로 나타내는 것이기 때문에 그녀는 이런 공부를 할 때 어려운 점이 있었다고 한다.

학부를 졸업한 후에 그녀는 자연스럽게 대학원에 진학하게 됐다. 상담심리사가 되려면 석사 학위는 필수라고 한다. 상담사를 찾아오는 내담자를 대하는 일은 전문적인 일이다. 전문가가 되기 위해서는 지식과 경험을 동시에 많이 쌓아야 한다. 그래서 대학 공부만으로는 부족해 석사 이상의 공부를 해야 한다. 그뿐만 아니라 수련도 많이 받아야 한다. 대학원 공부와 수련은 시간도 오래 걸리지만 비용도 많이 든다. 어떤 기관에서 수련을 받는지에 따라 기간과 과정에 차이가 크다고 한다. 그래서 그녀는 대학원 1, 2학기 때는 아르바이트를 해서 용돈이라도 벌어야 했다.

전문적인 정보나 지식을 유지하기 위해 지속적으로 교육과 연수의 필요성을 인식하고 참여해야 한다는 상담심리사 윤리강령이 있다. 그렇기 때문에 그녀는 전문가로서 배워야 하는 데 드는 비용은 당연히 지불해야 하는 투자라고 생각했다. 상담자는 상담 과정에서 자신이 도구가 되기 때문에 항상 자신을 점검하고 성장하고자 노력해야 한다. 그러기 위해서는 끊임없이 자기 자신을 계발하는 게 당연한 일이다.

대학원 과정을 마친 후 그녀는 자연스레 상담심리사가 됐다. 처음에는 청소년상담복지센터에서 청소년들을 대상으로 상담을 시작했다. 그런데 상담실에 찾아오는 친구들은 상담에 대한 부정적인 인식 때문에 찾아오기 힘들었다는 얘기를 하곤 했다. 아직까지도 많은 사람들이 상담에 대해서 '정신적으로 문제가 있거나 이상한 사람들이 가는 곳'이라고 생각하기 때문이다. 그러니 누군가가 상담을 받아 보라고 말하면 기분 나쁘게 들릴 수도 있다. 게다가 심리적인 어려움 때문에 타인에게 도움을 요청하는 행위에 대해서도 본인의 의지가 약해서라거나 정신력이 부족해서라고 생각하는 주위의 반응들 때문에 쉽게 찾지 못하는 경우도 있다.

미국이나 다른 선진국에서는 심리적 문제가 있을 때 상담을 받는 것이 아주 일상적이고 당연한 일로 여겨진다. 큰 기업 내에는 상담사가 상주하며 직원들을 상담해 주는 경우도 많고, 정신과 의사나 기타 전문직에게도 심리 상담을 꼭 받게 한다. 왜냐하면 사람들은 일

을 하면서 또는 인간관계를 맺으면서 에너지를 다 쓰거나 마음이 힘들 때가 있는데, 그럴 때 반드시 전문가에게 올바른 상담을 받고 처방을 받으라는 것이다. 그래야 흔들리거나 쓰러지지 않고 버틸 수 있기 때문이다.

우리나라의 많은 사람들은 다른 사람의 눈을 의식하느라, 다른 사람의 반응에 신경 쓰느라, 다른 사람을 챙기느라 정작 나 자신은 잊어버리거나 소홀히 여기는 경우가 많다. 다른 사람의 평가나 비판에 지나치게 신경 쓰느라 내 마음이 병들어 가고 있는 것조차 외면할 때가 많다. 그런데 이런 식으로 자기 자신을 감추거나 억압하다 보면 언젠가는 더 곪아서 터져 버리거나 돌이킬 수 없을 정도로 심각한 상황에 처하게 될 수도 있다.

일 좀 하는 언니들 이야기

우리가 1년마다 혹은 2년마다 한 번씩 건강검진을 받으면서 우리 몸에 이상이 생기거나 심각한 병이 생기지는 않았는지 알아보는 것처럼 우리 마음과 정신에도 이상은 없는지 진단해 봐야 하는 건 지극히 당연하다. 요즘처럼 주변에 털어놓을 데가 없어서 외로운 사람들은 더욱 그렇게 해야 한다.

그녀도 몸이 아픈 사람이 병원을 찾아가서 의사의 진료를 받고 약을 처방받아 몸을 낫게 하는 것처럼, 심리적인 어려움을 겪을 때도 상담심리사를 찾아가서 자신의 심리적 안녕을 돌봐야 한다고 말한다. 그리고 꼭 마음이 아프거나 문제가 있을 때뿐만 아니라 자기 자신을 더 이해하고 싶고, 자신의 욕구를 알아내서 더 성장하고 싶은 친구들도 상담실을 찾아온다고 한다. 내가 어떤 문제를 겪고 있을 때 누군가에게 도움을 요청하는 행위는 상당히 용기가 필요한 일이다. 그 한 발짝을 떼고 상담사를 찾아온 친구들은 정말 용기 있는 사람이다. 그리고 나를 조금이라도 더 알고 싶고 이해하고 싶은 사람은 진정으로 자기 자신을 사랑할 줄 아는 사람이다.

우리는 가끔 도움이 필요한 친구는 잘 도와주면서 정작 나 자신에게는 손을 내밀 줄 모른다. 다른 사람의 아픔과 슬픔에는 공감해서 함께 울어 주면서 정작 내 상처는 꽁꽁 숨긴 채 모르는 척하거나 덮어 버린다. 우리의 상처는 덮어 둔다고 해서 낫는 게 아니다. 그 상처는 그냥 그 자리에 계속 있을 뿐이다. 다치면 연고를 발라 주어야 나아서 새살이 돋는 것처럼, 우리의 마음도 마찬가지다.

내 마음을 들여다보는 것은 다른 이들의 마음을 이해하기 위함이기도 하다. 다른 이들을 도와주기 위한 기초인 것이다. 나와의 소통이 어려운 사람은 다른 이들과의 소통도 시원하게 이루어지지 않는다. 우리의 열등감과 우리가 겪는 모든 문제를 털어 버리는 시작은 내 말을 내가 가장 잘 들어 주는 데서 비롯된다.

아직도 많은 친구들에게는 상담소를 방문하는 게 어려운 일이다. 많은 사람들에게 여전히 상담소의 문턱은 높기만 하다. 그곳을 찾는 사람들을 나부터 이상한 눈초리로 보지 않는다면 나 자신도 상담이 필요한 경우 다른 사람들에게 이상한 사람으로 보일까 봐 걱정하지 않아도 된다. 내가 이상한 사람이라서 몸의 병이 생겨난 게 아니듯, 내가 이상한 사람이라서 마음의 병이 생긴 것도 아니니까. 누구에게나 마음의 병은 찾아올 수 있으니까.

사회에 기여하는 전문가가 될 거야

그녀가 처음 상담 일을 시작했을 때, '내가 과연 다른 사람의 문제를 도와줄 만한 사람일까?', '내가 진짜 할 수 있는 일일까?', '누군가의 롤 모델이 될 수 있는 사람일까?' 등의 의문과 걱정이 밀려와 다른 일을 알아볼까도 생각했다고 한다. 한 사람이 내게 올 때는 그 사람의 과거 전부가 온다는 어느 시의 구절처럼 그녀를 찾아오는 사람들은 어떤 문제 하나만을 가지고 오는 게 아니라 자신의 전부를 가지고 온다. 그렇기 때문에 상담하는 일이 처음에는 부담이 많이 됐을 것이다.

상담 일만이 아니라 우리가 어떤 일을 하든 처음에는 그 일을 감당할 자신이 없고, 자꾸만 도망가고 싶은 마음이 들 수 있다. 나보다 이 일을 더 잘하는 사람이 있지 않을까 의구심도 들고, 끝까지 잘해 낼 수 없을 것 같은 마음도 든다. 그녀도 처음에는 내담자들이 다른 상담자를 만났으면 더 좋아지지 않을까 미안한 마음이 컸다고 한다. 끊임없이 자신의 능력에 대해 점검을 해야 하는 일이기 때문에 일 자체에 대한 무게감도 컸다. '언제쯤 실력이 늘까, 실력이 늘기는 늘까?' 이런 걱정들도 많았다고 한다.

상담 기술이라는 건 전문 지식에 더하여 오랜 경험이 쌓여야 하고, 단기간에 실력이 늘지 않는 분야이기 때문에 조바심이 생길 수도 있다. 그녀는 그런 막연한 불안감이 들면 기운이 빠지고 막막한 마음도 많이 들었다고 한다. 그럴 때면 동료 상담사들과 이야기를 많이 나눈다고 한다. 비슷한 마음과 고민을 가진 상담사들과 이야기를 하다 보면 어느새 서로 비슷한 처지라는 걸 알게 되고, 서로 위안도 받게 된다. 나만 고민하는 문제가 아니라는 걸 알게 되면서 안심하게 된다.

그녀는 여러 다양한 문제로 어려움을 겪고 있는 친구들을 만날 때 제일 마음이 아프고 힘들다고 한다. 친구들이 처한 환경을 자신이 직접 변화시켜 줄 수도 없고, 실질적인 해결 방법을 제시하거나 물질적인 도움을 줄 수 없는 경우가 많기 때문이다. 그래서 청소년상담복지센터에서는 지역 사회의 여러 기관과 네트워크를 형성해서 상담과 함께 다양한 서비스를 진행하고 있다.

그녀는 쉬워지면 안 되는 일이 상담 일이라는 걸 깨닫게 됐다고 한다. 다른 사람을 만나 마음속 이야기를 듣고 그 사람의 전인격을 대하는 일이 결코 쉬워질 수도 없지만, 쉽다고 느끼는 순간 나태해질 수 있고 정성을 덜 쏟을 수도 있기 때문이다.

그녀는 상담을 종결하면서 "마음이 편안해졌어요"라는 얘기를 들을 때 가장 기쁘다고 말한다. 함께 눈시울이 붉어졌을 때도 있는데, 상담을 진행하는 동안 그 친구가 얼마나 복잡한 마음으로 힘든 시간을 보냈고 그 과정을 견뎠는지 알기 때문에, 또 그 과정을 함께했기 때문에 서로 감정이 복받쳤다고 하다. 어떤 드라마틱한 변화나 영화같이 일어나는 행동의 변화보다도 마음이 편안해졌다는 말이 더 큰 감동이라고 한다. 그녀에게 상담을 받았던 경험이 시간이 지나면서 그 친구에게 더 긍정적인 영향을 줄지도 모르겠다.

세월호 사건이 있었을 때 많은 상담심리사들이 상처받은 친구들과 유가족들을 상담하면서 전문가로서 기여했던 것처럼, 사회에 기여하는 전문가가 되는 것이 그녀의 목표다. 그리고 어렸을 때부터 책 읽는 걸 좋아했고, 음악을 듣거나 연극을 비롯한 공연을 보면서 힘을 얻는 경우가 많았기 때문에 예술가들을 위한 상담을 하고 싶다고 한다.

그녀는 상담을 하면서 자기 자신도 같이 성장한다고 말한다. 상담은 자기 자신이 일방적으로 누군가의 문제를 해결해 주는 것도 아니고 일방적으로 누군가의 말을 들어만 주는 것도 아니다. 상담은 상담사와 내담자가 함께 만들어 가는 과정이다. 어쩌면 누군가를 돕는 행위는 나를 가장 돕는 일일지도 모르겠다.

상담심리사 김혜미 언니에게 물어봐!

Q. 지금 하고 계시는 일을 소개해 주세요.

A. 청소년상담복지센터에서 청소년들을 대상으로 상담을 했었고 대학교 학생상담센터에서도 일했어요. 그러다 사설 상담심리센터에서 개인 상담 일을 했고 지금은 '아주대학교 아주상담지원센터'에서 전임 상담원으로 일하고 있어요. 상담심리사는 "인간의 존엄성과 가치를 존중하고 다양한 심리적 조력 활동을 통해, 개인이 자기를 실현하는 삶을 살도록 돕는 일"을 해요.

Q. 상담심리사가 되는 과정을 알고 싶어요.

A. 심리학을 전공하고 대학원 석사까지는 거의 필수고요. 상담 전공자가 아니더라도 상담 경력이 있으면 자격을 취득할 수 있어요. 수련 과정을 이수해야 자격증이 나오는데 자격 관련해서는 '한국상담심리학회' 홈페이지를 둘러보면 자세히 알 수 있어요.

Q. 심리상담소를 직접 운영하기 위한 조건은 어떻게 되나요?

A. 상담소를 운영하기 위한 조건은 아직 규정되어 있는 것이 없어요. 보통 석사를 수료하고 나서 청소년 상담센터나 대학교 상담센터에 취업을 해요. 요즘은 학교 상담실이나 WEE 센터에도 취업을 많이 하고 군 상담, 기업 상담, 성 상담 등 다양하게 경력도 많이 쌓고, 학위도 딴 후에 센터를 직접 운영할 수 있겠지요.

Q. 상담심리사가 되면 많은 돈을 벌지 못하는데 그럼에도 불구하고 이 분야의 일을 계속하시는 이유가 있다면요?

A. 직업을 선택할 때 경제적인 부분이 우선순위는 아니었던 것 같아요. 초 · 중 · 고등학교나 대학교, 군대나 기업 등 다양한 기관에서 상담심리사들이 일을 하고 있는데 상담심리사에 대해 전문가라는 인식이 아직 부족한 것 같아요. 그래서 사회적 처우라든가 대우에 대한 불만이 있긴 해요. 그래도 이 일을 계속 하고 있는 건, 세월호 사건이 있었을 때처럼 상담심리사들이 전문가로서 사회에 기여할 수 있는 직업이기 때문이에요. 똑같은 사람은 없잖아요. 그래서 상담자와 내담자 관계는 늘 달라요. 서로에게 유일한 사람이 되고, 서로 특별한 관계를 경험하게 되죠. 그리고 상담 과정에서 저 또한 성장하게 되는 부분도 있어요. 상담심리사와 내담자가 함께 성장하는 과정을 경험하게 되는 것 같아요. 그렇게 자신에 대해서 알아 가게 되면서 일상생활에서 좀 더 편안하게 생활할 수 있게 되는 것 같아요.

Q. 어떤 성향 및 성격의 친구들이 상담심리사가 되면 좋을까요?

A. 각자 지니고 있는 성향과 성격에 맞게 자신만의 상담 방식을 가질 수 있어요. 꼭 어떤 성격이 상담사에 적합하다고 말할 수는 없지만, 일이 바로바로 성과가 나타나는 게 아니라서 끈기는 필요해요. 그리고 이야기를 잘 들어 주는 것과 상담은 다르며, 자기 이야기를 터놓고 할 수 있는 사람이라면 좋을 것 같아요.

Q. 요즘 학원이나 일반 교육원 등에서 상담사 자격증을 주는 곳들이 있어요. 그런 자격증과 상담심리사는 어떻게 다른지, 그런 자격증에 대해 일반 사람들이 잘못 알고 있거나 오해하고 있는 것들이 있다면 알려주세요.

A. 사설 교육원 등에서 취득하는 자격증은 거의 인정을 받지 못합니다. 단지 몇 시간 교육받고 자격증을 취득한다는 걸 모두 아니까요. 그 자격증으로는 상담 관련 센터에서는 일할 수 없고요. 보통은 한국상담심리학회 자격증을 가장 많이 인정해 줘요. 기본적으로 시험과 면접, 일정 기준의 수련 과정을 이수해야 자격증이 나오는데, 취득하는 데 시간도 오래 걸리고 어렵기도 해요.

Q. 상담심리사가 되고 싶은 친구들에게 해 주고 싶은 말씀은?

A. 특히 여학생들은 관계에 대해 중요하게 생각해서인지 심리학에 대한 관심도 많고 상담심리사가 되고 싶다고 얘기하는 친구들이 많아요. "친구들이 저한테는 비밀 얘기를 잘 털어놔요"라거나 "얘기 듣는 걸 좋아해요"라는 얘기를 많이 하기도 하죠. 물론 사람들의 말을 잘 들어 주는 것도 중요하지만 더 중요한 건 자신에 대해서도 이야기할 수 있어야 해요. 눈에 보이는 내 상황과 사건들에 대해서가 아니라 눈에 보이지 않지만 나를 설명해 주는 것들에 대해 알고 있고 얘기할 수 있는 게 중요해요. 그래서 자신에 대한 고민을 통해 자신을 설명하는 것들에 대해서 알아가고 그런 생각을 이야기할 수 있는 시간을 가졌으면 좋겠어요.

Part 5

미로 속에서도 길은 개척할 수 있는 거야

신데렐라보다
잔 다르크가 대세지

_작가 및 강연가

조우관

작가 및 강연가 글을 쓰고 그것을 책으로 만들어 내는 일을 통해 대중과 소통한다. 그리고 자신이 펴낸 책을 주제로 한 이야기와 다양한 사회의 여러 주제들을 가지고 다수의 사람들 앞에서 강연으로 풀어내는 스토리텔러이다.

"인생에서 저지를 수 있는 가장 큰 실수는 실수를 할까봐 끊임없이 두려워하는 일이다." - 앨버트 허바드

스펙 부자도 이기는 스토리 부자

미국에서는 대학 입시 때 학생들이 에세이를 쓴다. 제 아무리 스펙이 뛰어나고 봉사 활동을 많이 했더라도 천편일률적이고 형식적인 에세이를 쓴 학생은 불합격하게 된다. 반면에 자신만의 철학과 스토리를 담아낸 학생들은 다소 스펙이 떨어져도 몇 개씩의 명문대에 합격한다. 그만큼 한 개인의 스토리는 돈을 주고 살 수 없는 것으로 인정하고, 그가 겪었던 경험의 가치를 인정한다는 뜻이다.

누군가를 감동시키는 힘은 그가 가진 스토리이지 결코 스펙이 아니다. 그가 어떤 역경 가운데에서 그것을 극복했는지, 어떤 식으로 성공을 하게 됐는지 한 개인의 이야기에 상당한 액수를 지불하는 나라가 미국이기도 하다. 유명한 강연가의 경우 회당 강연료가 1억 원이나 될 정도로 다른 사람의 경험을 통해 교훈을 얻는 것에 그들은 상당한 가치를 부여한다. 우리나라에서도 앞으로 이런 강연가들의 활동이 두드러질 테고 누군가의 경험에 그만한 대가를 지불할 날도 멀지 않았다.

살면서 힘든 일을 겪지 않고 살아 본 사람은 없을 정도로 인간이라면 누구나 힘든 일을 겪으면서 살아간다. 그 힘든 일 앞에서 누군가는 삶을 포기하고, 또 누군가는 그것을 기회의 원동력으로 삼아 앞

서 나가기도 한다. 그렇기에 부모님한테 물려받은 돈과 좋은 가정환경보다 강한 의지와 정신력이 더 큰 값어치 있는 유산일 수도 있다.

《엄마 말고 나로 살기》의 저자인 조우관 작가는 글을 쓰는 작가이면서 '더커리어스쿨'의 대표이자 강연가다. 책을 쓰기 전까지 그녀는 한 달에 겨우 백만 원가량 받으며 일을 하고 있었지만 책을 쓴 이후엔 한 번에 그 정도의 강연료를 받는 강연가가 됐다. 컨설팅 비용과 기타 강의를 포함한 수입까지 합치면 총수입이 예전의 열 배 가까이 된다. 이렇게 될 수 있었던 것은 그녀가 남들에 비해 조금 더 특별한 그녀만의 스토리를 가졌기 때문이다.

그녀는 어렸을 때 집이 없어 여인숙에서 아버지와 살았던 적도 있었고, 고등학교 때까지도 남의 집 셋방살이를 하면서 살았다. 여인숙에서 살던 당시는 고작 일곱 살이었는데 그곳에서 펄펄 끓는 물에 화상을 입는 일을 겪었고, 먹을 걸 못 먹어서 죽을 뻔한 적도 있었다. 초등학교 1학년 때부터 내내 아버지의 폭력에 시달렸고, 고등학교 3학년 때는 아버지가 휘두른 칼에 찔려 응급실에 실려 가기까지 했다.

자살하고 싶은 마음이 들 때도 많았지만 그녀는 자기 자신을 결코 포기할 수 없었다고 한다. 그러기에는 스스로가 너무 가여웠다고 한다. 다른 사람이 나를 때리고 상처를 주는 것보다 내가 나 자신과 삶을 포기하는 것만큼 가혹한 형벌은 없다. 내가 나를 보듬어 줄 수 있다면 우리는 우리를 불행하게 하는 모든 것들로부터 언젠가는 멀리 도망칠 수 있고 행복을 찾을 수 있게 된다.

그녀의 아버지는 그녀에게 결코 좋은 아버지가 아니었지만 아버지가 그녀에게 준 최고의 유산 중 하나는 그녀가 자신의 힘으로 살수 있도록 동기 부여를 했던 거라고 한다. 그녀가 대학생일 때 의대를 다니던 오빠를 좋아했는데, 그 오빠와 결혼해서 의사의 아내가 되고 싶다고 하자 그녀의 아버지는 이렇게 말했다고 한다.

"네가 의사가 아닌데, 남편이 의사인 게 다 무슨 소용이야."

그녀는 이 말을 듣고 신데렐라가 돼서 왕자님에게 의지하는 삶이 아닌 스스로 잔 다르크가 되는 삶을 살아야겠다고 다짐했다. 남편이 좋은 직업을 갖고 있고, 아들이 공부를 잘하고, 내가 아는 누군가가 잘나가는 사람인 걸 내세우는 사람들은 사실 자기 스스로 내세울 것이 없어서일 때가 많다. 내가 그들의 누군가임을 내세우며 자랑하는 것만큼 어리석고 초라해 보이는 모습도 없다. 내가 내 삶의 개척자이자 내 인생의 구원자가 되어야지 내가 주인공인 진정한 나의 삶을 살아갈 수 있다.

가난한 집안에서 직업도 변변치 않은 무능력한 아버지 밑에서 자랐지만, 이러한 자신만의 스토리가 있었기에 그녀는 글을 쓸 수 있게 됐고 작가가 될 수 있었다. 그리고 특별한 스토리가 있기에 강연장에서 사람들을 감동시키는 강연을 할 수 있게 된 것이다. 평탄하게 사는 사람들도 물론 행복하지만 자신만의 스토리로 다른 이들을 감동시키고 희망을 주는 삶 또한 행복한 삶이다. 육체적 힘이나 기술이 아니더라도 얼마든지 한 사람을 살릴 수 있다. 때로는 위로의 글이 누군가의 마음에 회복과 평안을 줄 수 있다. 나와 다르지 않은 누군가의 과거를 통해 내가 다시 일어설 수 있는 힘을 얻게 될 수도

일 좀 하는 언니들 이야기

있다. 그녀의 글과 스토리를 통해서 많은 사람들이 용기를 얻는 걸 보면 말이다.

그녀는 스스로를 인적 가치 발굴가라고 말한다. 자신의 가치를 발견하고 끊임없이 또 다른 가치를 발굴해 냈던 것처럼, 다른 많은 사람들이 스스로의 가치를 발굴하는 데에 도움이 되고자 한다. 그리고 청소년들을 죽음으로부터 구해 내는 것이 꿈이라고 한다. 자신도 늘 자살을 생각했지만, 만약 그렇게 됐더라면 그녀의 이름 앞에는 작가, 강연가, 상담가, CEO는 물론이고 그 어떤 수식어도 붙을 수 없었을 것이다. 그녀가 지금 현재 누리고 있는 것들 모두 누릴 기회조차 없었을 것이다.

모든 상황이 절망적이고 내가 할 수 있는 일이 없는 것 같아 주저앉고 싶지만 버티는 힘이라도 기르다 보면 더 단단한 근육이 생길지도 모른다. 길 위에 있을 때는 그 길의 끝이 어떨지 알 수 없다. 우리 모두 아직 우리에게 주어진 길을 다 걸어 보지 않았다. 그렇기 때문에 우리 인생이 어떤 결말로 이어질지 모른다. 길의 끝을 모르기 때문에 앞으로 나아갈 수 있는 힘이 생기기도 한다.

내가 가는 길의 끝이 절망적이고 막다른 골목이라고 생각한다면 아무도 그 길을 가려 하지 않을 것이다. 하지만 설사 막다른 골목에 다다랐다고 하더라도 그곳에도 꽃이 피고 해가 비친다는 걸 깨닫게 된다면 거기서부터 다시 길을 만들 수도 있다.

언젠가 우리는 어른이 될 테고 어른이 됐을 때 내 다리의, 내 마음의 근육은 더 단단해져 있을 것이다. 그러니 지금은 그 자리에 가만히 서 있기만 해도 된다. 제자리걸음만 해도 된다. 언젠가 더 빨리 더 멀리 뛰어나갈 수 있을 것이며, 내가 상상했던 것보다 훨씬 더 멋진 어른이 되어 있을지도 모르니까.

고민보다 Go 해 버려

BTS 노래 중에 〈Go Go(고민보다 Go)〉라는 노래가 있다. 노래 가사를 언뜻 들으면 탕진 잼을 외치며 내일이 없는 것처럼 오늘만 살라는 내용 같지만, 실은 오늘만 살 것처럼 사는 사람들을 향한 반어법적인 가사다. 미래를 걱정만 하지 말고, 하고 싶은 일 앞에서 주저하지 말고 오늘만큼은 원하는 걸 실행에 옮기라고 말한다. 우리는 꽤 젊으니까 하고 싶은 것을 해 보라고 말이다. 아무 꿈도 없이 내일이 없는 것처럼 사는 청춘들을 향한 안타까운 마음을 드러낸 것이다.

하고 싶은 일이 많지만 내가 그 모든 걸 과연 이룰 수 있을지 의구심이 들 때가 있다. 그리고 왠지 그 직업은 돈을 못 벌 것 같아서 선뜻 선택하지 못할 때도 있다. 꿈은 많지만 그 꿈을 어떻게 이루는지 방법을 모를 때도 있다. 내가 무엇을 하고 싶은지 찾지 못했거나 심지어 꿈이 도대체 뭔지 모르는 친구들도 있다.

그녀도 꿈은 많았지만 그 모든 것들 앞에서 주저할 때가 많았다고 한다. 발레리나가 되고 싶었지만 집이 가난해서 발레를 할 수 없어 첫 좌절을 겪은 후 모든 게 돈과 관련이 있다고 생각했다. 꿈을 이루기 위해서는 돈이 필요해 보였다. 돈을 못 버는 직업을 선택할 자신도 없었다. 앞으로도 가난하게 살 용기가 나지 않았기 때문이다.

일 좀 하는 언니들 이야기

연극배우가 꿈이던 시절이 있었지만 연극배우는 가난하게 살아야 한다는 주위의 만류에 도전조차 하지 않았다. 성우가 꿈이던 때도 있었지만 방송국 성우 시험에서 떨어진 후에 두 번 다시 도전하지 않았다. 남들 앞에서 말을 잘하는 그녀를 보고 아나운서가 돼 보지 않겠느냐고 친구가 권유하자 '내 주제에 무슨 아나운서가 될 수 있을까' 생각한 적도 있었다고 한다.

대학 때 돈이 없어 요금을 덜 내고 버스를 탄 적도 있었고 몇 정거장씩 걸어 다닌 적도 있었다. 시골에 살다가 서울의 대학에 진학한 그녀는 서울 여학생들 앞에서 주눅이 들기 일쑤였다. 행정학과에 입학했지만 행정학이 전혀 재미있지 않았고, 복수 전공으로 선택했던 경영학에도 흥미를 느끼지 못했다. 고위 공무원이 되기 위해 행정고시를 준비했지만 번번이 시험에 떨어졌고, 심지어 아버지가 돌아가시면서 남긴 빚 때문에 시험도 접고 빚을 갚기 위해 일을 해야 했다. 그녀는 그때 자신이 할 수 있는 일이 아무것도 없다고 생각했고, 계약직으로 여기저기에서 일을 할 수밖에 없었다.

그러다 남편을 만나 결혼을 하게 되면서 그녀의 마음가짐은 달라졌다. 엄마가 된 후 아이 앞에서 결코 부끄럽지 않은 엄마가 되기로 결심했다. 그녀는 임신했을 때부터 이것저것 닥치는 대로 공부를 하기 시작했다. 결혼 전 대학교 취업지원실에서 일한 경험이 있었기에 직업상담사 자격증을 땄고, 사회복지 공부를 하면서 사회복지사 자격증까지 취득했다. 이후 직업상담사라는 자신의 커리어에 전문성을 더하고자 심리학까지 공부하기 시작했다. 그러면서 그녀의 태도는 많이 달라졌다. 꿈 앞에서 머뭇거리던 그녀는 누구보다도 용기 있는 행동가가 됐다. 아니, 원래 자신감 있고 활발하던 자신의 모습을 되찾기 시작한 것이다.

직업상담사로서 구청, 특성화 고등학교, 대학교 등에서 자신의 커리어를 쌓아 나가면서 스트롱, MBTI 등 전문가로서 심화해야 할 교육들을 듣기 시작했다. 회사에서도 실적을 높이 쌓았고 일을 잘한다는 평판도 얻었다. 엄마라는 이름은 그녀를 전과는 다른 사람으로 만들어 주었다. 이제 더는 두려운 게 없어진 것이다.

그녀는 어렸을 때부터 귀신의 집도 무서워하지 않을 정도로 용기 있는 아이였다고 한다. 무슨 일이든 열정적으로 하곤 했다. 그렇게 진취적인 성향을 타고 났지만 그녀가 가진 부족한 것들이 그녀의 진취적인 성향을 감춰 버렸다. 무엇이 부족한지도 몰랐던 시절에는 자신이 초라하게 느껴지지 않았지만 내가 얼마나 가진 게 없는지 알게 됐을 때 그녀는 자신의 모습이 부끄럽게 느껴졌다고 한다.

하지만 이제 그녀는 타고난 진취적인 성향을 되찾았고, 고민하는 시간을 줄이고 생각한 모든 것들을 행동에 옮기기 시작했다. 커리어 컨설턴트와 직업상담사로 일해 왔던 노하우를 살려 '더커리어스쿨'이라는 회사를 창업해 CEO가 되고 구직자들과 청소년 및 경력 단절 여성들을 대상으로 컨설팅과 교육 및 상담을 하고 있다.

그녀도 한때는 공무원이 돼서 꼬박꼬박 나오는 월급을 받으며 살고 싶었던 적도 있지만 지금 이 땅의 모든 청춘들이 공무원이 되고자 몇 년씩 공부하는 현실이 안타깝다고 한다. 그래서 세상에는 공무

일 좀 하는 언니들 이야기

원 이외에 할 수 있는 일들이 무수히 많다는 것을 알려주고 싶다고 한다. 행정고시에 떨어졌을 때는 너무 힘들고 막막했지만 지금은 오히려 공무원이 되지 못한 게 천만다행이라고 말한다. 공무원이라는 직업이 자신의 적성에도 맞지 않고, 권위적인 조직 생활 자체가 그녀에게는 맞지 않는 일이라는 걸 알게 됐다.

가끔은 상황이 우리를 만들어 갈 때도 있다. 그리고 가끔은 내 주위의 다른 누군가가 나를 만들어 갈 때도 있다. 하지만 그녀는 나의 생각이 가장 많이 나를 만들고 있다는 걸 깨달았다고 한다. 꿈을 이루기 위해서는 돈이 필요하다고 생각했을 땐 꿈을 이룰 수 있는 방법이 보이지 않았지만, 돈보다 자신감이 중요하다는 걸 깨닫게 되니 보이지 않던 꿈들이 선명하게 보이기 시작했다고 한다. 자신감은 내가 가진 돈에서 나온다고 생각했지만, 사실은 자신에 대한 믿음에서 나온다는 걸 깨달았다고 한다.

그녀는 결혼을 하고 나서 처음으로 시를 쓰기 시작했다. 자신의 시를 많은 사람들이 좋아해 주는 걸 보며 시 쓰는 즐거움을 발견했다고 한다. 그리고 자신의 경험을 살려 여러 사람들에게 도움을 주고 싶었다고 한다. 그래서 경력 단절로 힘들어하는 여성들에게 용기를 주고 싶어 경력 단절 여성들을 위한 책을 펴냈다. 그녀는 자신이 그랬던 것처럼 힘든 어린 시절을 보내고 있는 친구들을 위해 계속 책을 출간하는 게 목표라고 말한다.

사실 그녀 주위에는 그녀를 응원해 주는 친구들이 많았다고 한다. 성우도, 연예인도, 아나운서도 될 수 있다고 응원하는 친구들이 많았지만 정작 그녀는 자기 자신을 응원해 주지 못했다. 그녀는 고민하지 않고 달려 나가기 위해서는 결국 내가 나를 응원해 주는 게 가장 큰 힘이 된다고 말한다. 꿈 앞에서 망설이고 있는 친구들이 있다면, 그동안 친구에게 해 주었던 응원을 이제는 나 자신에게도 할 수 있게 되기를 빈다.

성공의 힘은 잘나가는 여자를 질투하지 않는 거야

우리는 보통 나보다 예쁘거나 잘나가는 여자들을 보면 친해지려고 하기보다는 뒷담화를 일삼고, 욕을 하고, 왕따를 시키곤 한다. 그

여자와 친하게 지내면서 그녀는 어떻게 해서 성공할 수 있었는지, 피부 관리는 도대체 어떻게 했기에 저렇게 얼굴에서 빛이 나는지 궁금해하지 않는다.

하지만 조우관 작가는 만나는 모든 성공한 여성들을 거울로 삼았다고 말한다. 그녀가 지금 이룬 것들은 자기보다 먼저 이룬 여성들을 보고 배운 거라고 한다. 그녀의 성취는 나보다 잘나가는 여성을 질투하지 않는 힘에서 비롯된 거라고 한다. 성공한 여성들을 관찰하면서 '나도 한번 해 볼까' 생각했다. 그녀가 했으면 나도 할 수 있을 거라고 희망을 느끼면서 말이다.

그녀가 다니는 교회에는 이미 그녀보다 먼저 책을 낸 작가가 있다. 책을 내고 강연을 다니고 텔레비전에 출연하는 그 사람을 보면서 '나도 저렇게 되고 싶다'고 생각했고, 작가의 꿈을 꾸고 강연가의 꿈을 꾸게 됐다. 그래서 하루도 빠짐없이 일 년이 넘도록 글을 쓰면서 실력을 쌓았다. 그런 후에 책을 내는 방법들에 대해 알아보기 시작해 드디어 첫 책을 출간하게 됐다. 그녀는 거기에서 멈춘 것이 아니라 책을 냈으니 진짜 그녀가 되고 싶었던 강연가가 되어야겠다고 생각했다. 어렸을 때부터 남들 앞에서 말하거나 무대 위에서 춤추고 공연하는 걸 좋아했던 그녀에게 강연가라는 직업은 그녀에게 딱 맞는, 그녀를 위해 예비된 직업이었던 것이다.

그녀는 강연을 잘할 수 있는 노하우를 배우고 연습했다. PPT를 만들어 시연을 하고 작은 자리에서 강연하는 모습을 사진에 담아 SNS에 올리면서 자신이 강연하는 사람임을 알리기 시작했다. 그녀의

SNS를 보고 강연 기획사에서 연락이 왔고, 드디어 그녀는 100여 명을 모아 놓고 강연을 하는 강연가가 됐다. 지금은 주 1~2회씩 누구보다도 신나게 강연을 하고 있다.

자신의 뜻을 실행에 옮기기 시작하자 그녀는 비슷한 성향과 비슷한 가치관을 가진 사람들을 만나게 되고 더 많은 일들을 할 수 있는 기회들도 갖게 됐다고 한다. 앞으로 여성 및 이주 여성들과 관련한 사업들뿐만 아니라 청소년들을 대상으로 하는 사업도 구상하고 있으며, 팟캐스트 및 유튜브 방송을 비롯한 다양한 콘텐츠도 만들어 갈 예정이라고 한다.

어떤 사람은 아주 어린 나이에 성공하기도 한다. 또 어떤 사람은 그녀처럼 나이가 들어 성공할 수도 있다. 누군가는 목표 지점에 먼저 도착할 수도 있지만, 누군가는 뒤늦게 도착할 수도 있다. 각자의 출발선이 다르기에 당연한 결과다. 먼저 도착했다고 해서 더 성공한 사람도, 나중에 도착했다고 해서 덜 성공한 사람도 아니다. 우리에게 주어진 시간은 각자에게 맞는 속도로 흐르니까. 그리고 일찍 성공한 사람들 중에 실패도 더 일찍 맛본 사람들이 많은 걸 보면 일찍 성공한 데서 오는 교만함보다 늦게 성공해서 갖게 되는 겸손함이 더 미덕일 수 있다.

성공하고 싶다면 성공한 사람과 친하게 지내야 한다. 성적을 올리거나 공부를 잘하고 싶다면 갑자기 성적이 오른 친구, 공부를 잘하는 친구와 친하게 지내야 한다. 그들의 비밀을 내 것으로 만들어야 하며, 그들의 모습을 보면서 나도 할 수 있다는 긍정적인 자극을 계속 받아야 한다.

끼리끼리 논다는 말이 있는데, 그 끼리끼리는 내가 얼마든지 선택할 수 있는 나의 영역이다. 공부 잘하는 친구가 나랑 친하게 지내기 싫어한다고 해서 포기하진 말자. 어쩌면 예쁘다고 말해 주는 지극히 간단한 말 한마디가 그녀를 내 편으로 만드는 방법이 될 수도 있으니까 말이다.

얼마 전에 중학교 2학년 학생이 〈세상을 바꾸는 시간, 15분〉이라는 TV 프로그램에 출연해서 강연하는 모습을 본 적이 있다. 그 학생처럼 모두가 열다섯 살에 뭔가를 이루어야 할 필요도 없지만, 그 아이가 했는데 나라고 못할 이유 또한 단 한 가지도 없다. 그것만 알게 된다면 우리는 남의 성공을 보면서 부러워할 필요가 전혀 없다는 걸 깨닫게 될 것이다.

왕따였어도 훌륭해질 수 있어

동창회에 갔는데 엄청 지질이었던 애가 너무 성공해서 나타났더라는 어른들의 이야기를 종종 들을 수 있다. 성공과는 거리가 멀 것 같던 아이의 성공은 놀랍기도 하다. 학교 다닐 때 나보다 공부도 못하고 잘난 것도 없었는데 엄청난 집안에 시집을 갔다는 둥, 남편을 잘 만났다는 둥 지금 자신의 초라한 마음을 이야기하는 사람들도 많다.

항상 잘나가는 사람도 보기 드문 것처럼, 지금 초라한 모습도 영원하지 않을 수 있다. 지금 아무리 지질해도 먼 훗날 멋진 사람이 될 수도 있다. 내가 지금 아무리 콧물을 질질 흘리고 있어도 아이돌 가

수가 될 수 있고, 내가 지금 아무리 키가 작아도 슈퍼모델이 될지 아무도 모르는 일이다.

그녀 역시 어린 시절은 말 그대로 암울했다. 아버지는 친구 아버지들보다 두 배 이상 나이가 많아서 할아버지 축에 들었고, 입을 점퍼가 없어서 추운 날 스웨터 하나만 입고 등교한 날도 있었다. 급식비도 내지 못해 친구들 앞에서 선생님한테 혼난 적이 있는데, 그때만 생각하면 아직도 너무 부끄럽고 때론 화도 난다고 한다. 가난한 건 잘못이 아닌데도 잘못을 저지른 아이 취급을 당했고, 또 그 때문에

일 좀 하는 언니들 이야기

선생님한테 차별 대우를 받아야 했던 기억이 아직도 슬프다고 한다.

초등학교 4학년 때 그녀는 그야말로 왕따였다. 부잣집 아이가 친구들을 한 명씩 돌아가면서 왕따를 시키다가 드디어 그녀의 차례가 됐다. 그것이 너무 부당하다고 생각한 나머지 그 아이에게 대들며 때려눕혔다가 이후 더 큰 보복을 당하게 됐다. 밖에 나갔다가 교실로 돌아오면 아이들이 가방을 발로 밟아 놓기도 했고, 아무도 그녀와 놀아 주지 않기도 했다. 어른이 된 후 자신을 괴롭혔던 친구는 그냥 시골에서 장사를 하면서 산다는 이야기를 들었다고 한다. 지금 그 아이는 자기가 괴롭혔던 그녀를 마냥 부러워하고만 있을지도 모른다. 그렇기에 삶은 재미있다. 누가 어떻게 될지 모르는 것이기에.

왕따를 당했던 친구들은 어른이 돼서도 내 주위에 아무도 없을 것만 같은 두려움에 휩싸인다. 물론 어른이 돼서도 왕따를 당할 수도 있다. 그런데 나도 나를 싫어하는 인간이랑 굳이 친하게 지낼 필요와 이유가 없다. 모든 사람들이랑 친하게 지내야 하는 것도 아닐 뿐더러 나를 좋아해 주는 몇 명의 사람들과 어울려 살면 된다. 나를 좋아해 주는 사람들은 틀림없이 나타나게 되어 있다.

그녀는 어릴 때 모두에게 외면당하고 부모의 보살핌도 제대로 받지 못했지만, 지금은 그녀의 글을 좋아해 주고 그녀의 강연을 들으러 오는 사람들이 있다. 그녀와 함께 여러 가지 사업을 하자고 제안하고 자신들의 모임에 와 달라고 하는 사람들도 있다. 이렇듯 당장 사랑을 받지 못한다고 해서 슬퍼하지 말고 내가 나 자신에게 비난의 화살을 꽂지 말아야 한다.

그녀는 내가 나를 사랑하는 것만이 꿈을 이룰 수 있는 방법이라고 말한다. 예전에 그녀는 자신을 사랑하는 방법을 몰랐다고 한다. 자신을 자책하고 미워했던 적이 많았다고 한다. 그래서 사람들 앞에 서면 사람들이 자신을 어떻게 바라볼까에 대해 신경을 많이 썼고, 그러다 보니 자기 자신을 자꾸 꾸미기 시작했다. 그녀는 작가가 되는 가장 첫 번째 조건은 솔직함이라고 말한다. 자신을 있는 그대로 드러내 보일 수 있어야 사람들 마음에 울림을 줄 수 있는 글을 쓸 수 있다고 말한다. 강연을 할 때 역시 자신의 못난 부분까지 드러내 보일 수 있어야 사람들 마음을 열 수 있다고 한다.

사람들은 누군가에게 비난을 받거나 따돌림을 당하면 문제의 원인이 내게 있다고 생각하고선 자책하곤 한다. 다른 사람을 괴롭히는 사람이 문제이지, 괴롭힘을 당하는 사람이 문제가 아니라는 걸 깨닫기만 한다면 우리는 어떤 누구라도 훌륭해질 수 있다.

"언젠가 꽃은 지겠지. But no not today. 그때가 오늘은 아니지! 날아갈 수 없음 뛰어. 뛰어갈 수 없음 걸어. 걸어갈 수 없음 기어. 기어서라도 gear up!"

BTS의 노래 가사처럼 언젠가 꽃은 지겠지만 그게 오늘은 아니다. 그러니 그대, 절대 사라지지 말기를!

일 좀 하는 언니들 이야기

작가 및 강연가 조우관 언니에게 물어봐!

Q. 작가, CEO, 강연가, 상담사 등 여러 가지 직업을 동시에 갖고 계시는데, 그 많은 일을 어떻게 한꺼번에 하시게 된 건가요?

A. 저는 우선 직업 상담사로 일을 시작하게 됐어요. 하지만 상담 일만 하기엔 세상에는 재미있는 일들이 정말 많더라고요. 직장에서 받는 스트레스를 독서를 통해서 풀곤 했었어요. 책을 읽으면 스트레스를 잠시 잊을 수 있었고 제가 다른 세상으로 들어가는 느낌이어서 현실을 잠시 잊을 수 있었거든요. 그러다 글을 쓰고 싶은 생각이 들었는데, 때마침 '브런치'라는 글쓰기 플랫폼을 알게 됐어요. 그곳에 작가 신청을 하고 작가로 선정되어 1년 반 정도 글을 꾸준히 쓰다 보니 진짜 책을 출간하는 작가가 되고 싶더라고요. 그래서 책을 내는 방법을 알아보고, 원고를 써서 투고한 후 다행히 제 책을 내주겠다는 출판사를 만나게 되어 책을 출간하게 됐어요. 그러면서 강연도 하게 되고, 계속해서 하고 있던 직업 상담 일로 1인 기업도 차리게 됐죠. 하나의 일에 도전했지만, 그 하나의 일이 여러 가지의 일을 가져다 줬다고나 할까요.

Q. 작가가 되고 싶은 학생들은 어떤 준비를 하면 좋을까요?

A. 우선, 책을 많이 읽어야겠죠. 인풋(input)이 있어야 아웃풋(output)이 있는 거니까요. 여러 방면으로 공부도 하며 교육도 받고, 사회 현상에 관심도 가지고, 드라마나 영화와 음악 등의 매체를

통해서도 끊임없이 영감을 받아야 해요. 저 같은 경우에는 대학에서 행정학과 경영학을 공부했는데 졸업 후 심리학 공부를 다시 했어요. 그러면서 글을 쓰는 데 도움이 많이 됐어요. 공모전 등에도 수시로 문을 두드리면서 내 글을 끊임없이 점검하는 것도 좋죠. 밥을 먹는 것처럼 글을 쓰는 게 일상생활화가 되어야 하는 것 역시 당연하고요. 무엇보다 거절당하는 데 익숙해져야 해요. 내가 쓴 원고를 모든 출판사가 좋아할 수는 없거든요. 하나의 원고를 여러 군데 투고를 했을 경우에 책으로 내 주겠다고 하는 곳보다 거절하는 출판사가 훨씬 많아요. 그건 지극히 당연한 일입니다. 지금은 유명 작가가 된 작가 중에서도 수백 번 투고를 했지만 번번이 실패했던 사람이 있어요. 그러니 낙담하지 않을 용기와 거절당해도 내 원고를 받아주는 곳을 기다리는 인내심이 필요해요. 끝내 받아주는 곳이 없더라도 자기 자신에게 실망하지 않고 계속해서 글을 쓰는 용기도 필요합니다.

Q. 강연을 처음 하시게 된 경로와 방법에 대해 들려주세요.

A. 저는 어렸을 때부터 남들 앞에서 말하고 무대에서 공연하는 것을 좋아했어요. 그래서 작가가 된 이후 강연가가 무척 되고 싶었어요. 책을 내게 되면 강연할 수 있는 기회가 잦아져요. 그리고 요즘은 강연을 기획하는 회사도 많아요. 그런 곳에 문을 두드려도 좋고, 자신이 직접 강연을 기획해도 좋아요. 이때는 마케팅을 잘할 수 있는 능력이 있어야겠죠. 저도 책을 낸 작가이

일 좀 하는 언니들 이야기

기 때문에 종종 강연 섭외가 여러 곳에서 들어오기도 하고, 강
연 기획사를 통해 강연회를 열 때도 있어요. 세상에 나라는 사
람이 존재하고 있다는 걸 SNS를 비롯한 다양한 방법으로 알리
는 게 제일 중요해요. 꾸준히 알리다 보면 언젠가는 나를 알아
봐 주는 사람들이 나타날 겁니다.

Q. 글을 많이 쓰다 보면 실력이 늘까요?
A. 당연합니다. 운동선수가 계속해서 연습하면 자신의 기록을 경
신하는 것처럼, 작가 지망생들도 글을 자꾸만 쓰다 보면 더 좋
은 글을 쓸 수 있고 실력도 늘게 됩니다. 시간이 흐를수록 아이
디어도 많이 생기고 지식과 경험도 많이 쌓이니까 쓸거리들도
더 늘어나게 되고요.

Q. 책을 내기만 해서는 돈을 많이 벌 수 없을 것 같아요. 현실은
어떤가요?
A. 베스트셀러 작가가 되거나 스테디셀러 작가가 되지 않는 한 인
세(책이 팔리면 받는 수입) 만으로는 많은 돈을 벌 수 없어요. 요
즘처럼 사람들이 책을 많이 읽지 않는 시대에는 더더욱 그래요.
하지만 작가라는 명성은 돈보다 귀하지요. 그리고 작가가 되면,
저처럼 강연을 통해 수입을 얻는 사람들도 많고 라디오 및 TV
출연 등을 하게 될 수도 있어요.

Q. 한 번 강연을 나가면 강연료는 얼마 정도 받으시는지 궁금해요.

A. 강연가에 따라서 천차만별이고 어디에 가서 강연을 하느냐에 따라 다르긴 하지만, 저 같은 경우에는 예전이라면 한 달 일해서 받을 돈을 지금은 한 번의 강연으로 받고 있어요. 저보다 훨씬 더 많은 강연료를 받는 사람들도 많고요.

Q. 말을 잘하지 못하거나 남들 앞에 서는 것을 두려워 하는 친구들도 강연가가 될 수 있을까요?

A. 세계적인 강연가들 중에서도, 그리고 유명한 목사들 중에서도 말을 더듬거나 유창한 언변을 갖지 못한 사람들이 많아요. 말을 잘하는 능력보다 내 스토리로 얼마나 많은 사람들에게 감동을 줄 수 있느냐가 더 중요할 거예요. 물론, 말하는 스킬도 배워 나간다면 더 좋고요. 스토리 부자가 되려면 무엇보다 많은 경험을 쌓는 게 좋고, 그 경험 중에서 분명 다른 사람들에게 도움이 되고 울림을 주는 것들이 많이 생길 거라고 생각합니다.

일 좀 하는 언니들 이야기

지칠 바에는
열정으로 미치자

_콘텐츠 개발자

김은정

콘텐츠 개발자 꽃꼬즌미스김, 나를만드는이야기 등 자신이 운영하는 회사를 책임지고 대표하는 역할을 하고 있으며, 그 안에서 여성 콘텐츠, 여행 콘텐츠, 유튜브 방송 등 아이디어와 창의력을 가지고 다양한 콘텐츠들을 기획하고 창출하는 일을 한다. 사업 및 콘텐츠를 통해 제품을 만들고, 생산한 콘텐츠들을 불특정 다수에게 제공한다.

"성공하는 사람들이란 자기가 바라는 환경을 찾아내는 사람들이다. 발견하지 못하면 자기가 만들면 된다." - 조지 버나드 쇼

누구나 저마다의 세계가 있어

드라마를 보면 하나같이 비슷한 직업을 가진 사람들이 나온다. 내가 어렸을 때 봤던 미국 드라마들에는 탐정, 비밀요원, 과학자 등 다양한 직업을 가진 주인공들이 나오곤 했다. 요즘 우리나라 드라마에는 재벌, 의사, 변호사 등이 주로 주인공으로 나온다.

가끔 뉴스에 등장하는 실제 재벌 중에는 잘생긴 사람이 거의 없는데 드라마에 나오는 재벌은 대부분 잘생긴데다가 성격까지 좋다. 어떤 병원을 가더라도 키 크고 잘생긴 의사를 보기 힘든데 드라마에 나오는 의사들은 하나같이 실력도 뛰어나며 외모 또한 준수하다. 물론 드라마 주인공이니까 그렇게 묘사해야 하는 건 어찌 보면 당연할 수도 있다. 애써 현실감을 부여한답시고 평범하게 생긴 배우를 주인공으로 써야 할 필요도 없고, 드라마의 특성상 시청자들에게 어느 정도 판타지를 선사해야 하니까 말이다. 하지만 그 결과 미디어를 접한 친구들이 한 번도 본 적 없는 재벌이나 금수저를 물고 태어난 사람들에게 지레 열등감을 느끼게 된 것도 사실이다.

문제는 드라마 주인공이 그렇게 멋있게 나와서가 아니라 받아들이는 시청자들, 특히 청소년들뿐만 아니라 부모들까지도 특정 직업을 가진 사람들을 우러러 본다는 데 있다. 변호사와 의사 등의 전문

직종에 종사하는 사람들이 그 직업을 가졌다는 사실만으로 존경을 받아야 할 이유는 없다. 그 직업에 걸맞은 건강한 윤리의식과 마음가짐으로 일하는 사람이라야 존경할 수 있다. 어떤 직업을 가졌대도 자신의 일에 의미를 부여하지 못한 채 돈벌이의 수단으로 여긴다면 그 사람은 그냥 직업인에 불과하지 의미 있는 일을 하는 사람은 아니다.

사람을 고치고 살리는 일에 가치를 느껴서 의사가 된다면 박수 받아 마땅하다. 하지만 수능 점수가 높게 나와서, 혹은 의사가 되는 게 성공하는 삶이라고 부모가 말해서 의사가 되기로 했다면 결코 행복의 길로 접어드는 행위는 아닐 것이다. 그것이 자신의 사회적 지위를 높이는 방법이라고 믿는 것 또한 어리석은 믿음이다.

내 주위에는 서울에서 의사로 일하다가 빚만 지는 통에 시골로 내려간 의사도 있고, 변호사나 감정평가사 등의 전문직이 됐지만 우울증에 시달리다 결국 일을 그만둔 사람들도 수두룩하다. 단지 돈이 문제였더라면 오히려 그들은 그 직업을 포기하지 않았을지도 모른다. 돈을 벌기도 힘들었을 뿐만 아니라 전혀 재미있지도 않았으니 포기도 쉬웠던 것이다. 우리는 얼마든지 인생을 재미있게 살 권리가 있고, 내가 하고 싶은 것을 하면서 다이내믹한 경험을 할 권리도 있다. 골치 아픈 일은 이제 로봇들이 알아서 해 줄 테니 우리는 인생을 더 재미있고 유쾌하게 살 수 있게 되기까지 했다.

'꽃꼬즌미스김'과 '(주)나를만드는이야기'의 김은정 대표는 자신의 방식대로 삶을 누구보다 다양한 경험으로 채우면서 재미있게 사는 사람이다. 나는 그녀를 콘텐츠 개발자라고 부른다. 자신만의 콘텐츠를 만들어 일을 하고 있고, 앞으로도 그녀가 만들어 낼 콘텐츠들이 무궁무진할 거라는 걸 알기 때문이다.

그녀는 조금은 엉뚱한 어린 시절을 보낸 듯하다. 성적을 잘 받아야겠다고 마음먹으면 독서실 이용권을 끊어 밤샘을 해서라도 목표치까지 성적을 올렸다가도 무슨 이유로든 공부하기 싫어지면 시험기간에도 기타를 치면서 음악을 듣고 전혀 공부를 하지 않은 채 시험을 칠 정도였다고 한다. 성적도 성격만큼이나 오르락내리락 기복이 심해서 '김기복 공주'라는 별명까지 붙을 정도였다고 한다. 열아홉 살 이후의 삶은 스스로 개척하겠노라고 부모님에게 선포한 후 지금까지 줄곧 그녀는 자신만의 삶을 스스로 개척하고 있는 중이다.

그녀는 15년을 넘게 의류업에 종사하고 있다. 그 전에는 극단에서 연극 활동을 하고 대본 쓰는 일을 하면서 학원에서 아이들 지도도 함께 했다. 대학에 떨어지고 학사고시를 준비하던 중 용돈벌이 삼아 시작한 일이 잘되기 시작하고, '최연소 원장'이라는 타이틀을 달고 학원가에서 이름을 떨치면서 아이들을 가르치게 됐다.

대학 입시에 떨어졌을 때만 해도 자신이 대학에 떨어질 거라곤 꿈에도 생각지 못했다. 안정권이라고 생각했는데 대학에서 자신을 거부했다는 생각에 분하고 억울한 마음도 들었다. 그때부터 자신만의 방법으로 대학을 가겠다고 생각했고, 자신만의 방법으로 자신의 삶을 살겠다고 생각했다. 당시에는 마음이 아팠지만, 그 일이 있었기 때문에 아르바이트로 시작한 일을 직업으로까지 연결시킬 수 있었다. 교사가 되고 싶었던 어렸을 적 그녀의 꿈이 이때 이루어진 게 아닌가 싶다.

학생을 가르치는 일이 그녀에게는 무척 행복한 일이었다고 한다. 일정한 회비만을 받아서 받은 회비보다 더 많이 줄 수 있는 일, 그것이야말로 꿈을 가진 아이들과 결핍이 있는 아이들의 인성부터 성적까지 모든 부분을 매만질 수 있는 일이었다. 그렇게 아이들을 인격적으로 돌보면서도 긍정적으로 변화하고 성장하는 것까지 지켜볼 수 있는 일이었으니 말이다. 그것만큼 그녀에게 보람된 일은 없을 정도였다고 한다.

이름만 교사로 살고 있는 사람이 많지만 그녀에게 누군가를 가르치는 선생님이 된다는 건 학생의 기쁨이 곧 나의 기쁨이 되는 일이었다. 누군가에게 선생님이라고 불리는 사람이 된다는 건 곧 내가 돌보는 환자나 학생 등의 변화와 성장이 진심으로 나에게 즐거움이 된다는 말이다. 다른 사람을 성장시키면서 동시에 나도 성장할 수 있는 일, 나의 기쁨과 너의 기쁨을 함께 누릴 수 있는 일을 할 수 있다면 우리는 누구보다도 기쁘게 일할 수 있다. 그런 일이 나의 일이 되어야 하고 내가 살아가야 하는 세계가 되어야 하지 않을까.

4차 산업혁명 시대가 오면 지금까지 인기를 누려 왔던 직업들은 점점 사장된다는 것이 전문가들의 의견이다. 이미 길병원에는 '왓슨'이 들어와서 사람 대신 수술을 하고 있으며 앞으로 더 많은 로봇이 수술에 투입될 것이다. 4차 산업혁명을 오랜 시간 연구한 사람들에 의하면 의사는 이제 영업을 하는 사람으로 그 역할이 변할 거라고 한다. 이제는 하나의 골대를 향해 모든 학생들이 달려갈 일이 점점 사

라져 가고 있으니 듣던 중 반가운 소식이기도 하다.

우리들 각자에게는 자기만의 세계가 있다. 다른 사람이 살고 있는 세계가 좋아 보여도 막상 그 세계로 들어가면 소음과 소란만 가득할지도 모른다. 내 길을 개척하고 내가 행복감을 느낄 수 있는 길이야말로 내게는 가장 밝고 여유로운 길이 될 것이다.

경력 단절도 이겨 낸 열정

사람들은 흔히 어떤 새로운 일을 해야 하거나 무언가에 도전해야할 때 불안감을 느낀다. 친구들의 마음이 힘든 경우는 공부를 해야한다는 것 자체보다 해야 할 공부를 제대로 하지 않았거나 생각보다 진도가 빨리 나가지 않았을 때이기도 하다. 인간에겐 무언가를 해야할 때의 부담감보다 아무것도 하지 않을 때나 무언가를 해야 하는데 하지 못할 때의 불안함과 무료함이 더 큰 문제로 느껴질 때도 있다.

일 좀 하는 언니들 이야기

사람은 그냥 멈춰 서 있기 위해서 태어나지 않는다. 각자 저마다의 역할이 있고 해야 할 일이 있다. 그런데 자신에게 주어진 역할을 제대로 하지 못할 때 불안감이 엄습하고 영혼이 서서히 죽어갈 수도 있다.

여자들은 대체로 엄마가 돼서 집 안에만 있게 되면 이런 비극적인 감정들을 느끼곤 한다. 살림하고 요리하는 걸 좋아해서 현모양처가 되는 꿈에 부풀었던 그녀에게도 주부로서의 삶은 결코 쉽지 않았다고 한다(물론 현모양처와 가정주부는 서로 다른 의미이고 직장에 다니는 엄마도 현모양처가 될 수 있다. 그러나 21세기에 현모양처를 논한다는 자체가 지극히 남성 위주의 사고방식임을 잊지 말았으면 좋겠다). 그녀는 결혼 생활을 하는 동안 자기 자신이 자꾸만 없어지는 느낌이 들었다고 한다. 닭장에서 모가지를 내밀고 있는 암탉처럼 남편만을 기다리며 지내는 일상이 너무나 무료하게 느껴졌다고 한다. 온종일 쓸고 닦으면서 반짝반짝한 집을 만들고 먹었던 그릇을 씻는 등의 반복적 행위가 보람 있다고 느껴지기보다는 자신이 도대체 누구인지, 어디에 있는지, 자신의 존재감마저 상실할 정도의 우울감에 빠져 들었다고 한다. 그야말로 '여긴 어디? 나는 누구?'였던 거다.

어떻게 해서든지 그녀는 자신만의 일을 찾아야 했다. 그때 그녀는 자신의 가슴을 뛰게 만드는 또 다른 일인 패션업에 뛰어들게 됐다. 그녀의 모습을 보며 다시 한 번 더 느끼게 되는 건 우리가 우울감에 빠져들어 지쳐 있든 삶의 나락에 떨어져 있든, 나를 구원하고 구출하는 사람은 나 자신밖에 없다는 점이다. 물론 그녀의 가족들이 그녀를 지지해 주었지만 그것을 결단하는 사람은 바로 그녀 자신이었다. 그녀 마음에 작은 불꽃이라도 일으킬 열정이 없었다면 그녀는 여전히 집안일만 하면서 '내 꿈은 현모양처'라고 스스로를 겨우 위로하고 있어야 했을지도 모른다.

그녀는 '신주쿠', '도트&도트', '호호양품점' 등 부산 서면의 중심 상가 한 라인에서 매장을 점점 늘려갔다. 국내외 여성 의류 가게, 아동복 가게, 그리고 인테리어에 맞는 맞춤 가구를 제작해서 넣는 수입 소품 가구점까지 자신만의 색깔을 가진 가게를 꾸준히 늘렸다. 매장 앞에서 신문지를 깔고 오픈을 기다리는 손님이 있을 정도로 많은 사람들에게 인기였다고 한다. 그러다 문득 자신만의 브랜드를 만들어야겠다는 생각이 들어 '꽃꼬즌미스김'이라는 브랜드를 만들어 지금까지 이어 오고 있다.

보통 어떤 여자가 머리에 꽃을 꽂는다는 의미는 정신이 약간 이상하거나 미쳤다는 걸 표현할 때 쓰인다. 그녀는 이 이름을 지을 때 '지칠 바에는 미치자'는 각오로 '미친 열정'의 의미를 그 속에 담았다고 한다.

그녀는 자신의 디스플레이만으로도 손님들이 만족하고 서로 소통이 될 때, 중요한 협상 전 자신의 스타일링 덕분에 계약을 잘 맺고 왔다며 선물까지 챙겨 온 손님을 대할 때 보람을 느낀다고 한다. 그때 느끼는 보람은 말로 다 표현하기 힘들 정도라고 한다. 단순히 의류를 스타일링하고 판매하는 것만이 아닌 자신의 스토리를 판매하고 여러 사람들과 옷을 매개로 소통하고 있는 느낌이 들기 때문이다.

일 좀 하는 언니들 이야기

국문학을 전공하고, 연극과 아이들을 가르치는 일을 했던 그녀가 그 전에 전혀 해 보지 않았던 일을 시작한다는 건 자신에 대한 믿음과 용기가 없었다면 불가능한 일이었을지도 모른다. 망할까 봐 겁부터 냈다면 주변의 만류하는 말들에 귀가 더 솔깃했을 것이다. 우리가 하는 일 중 가장 위대한 도전은 바로 새로운 꿈을 꾸는 일일 것이다.

그녀는 결혼 후 경력 단절을 겪으면서 자기 자신이 자꾸 없어지는 느낌이 들었고 메마른 시절을 보냈다. 가족들을 위해서 집안일을 하는 것도 중요하지만 자신만의 일을 통해 한 인간으로서의 존재함을 느끼고 싶은 건 그녀뿐만 아니라 여성 모두의 소망이다. 그래서 그녀는 열정의 불꽃을 다시 일으켰다. 그냥 한자리에 가만히 서 있기에는 그녀 자신의 재능이 너무나 아깝기도 했을 것이다.

이제 그녀는 더는 집에서 남편만을 기다리지 않는다. 아이들에게도 엄마가 왜 일을 해야 하는지 차근차근 설명해 주고 아이들도 그런 엄마를 이해해 준다. 일을 한다고 엄마로서의 역할에 소홀하지도 않는다. 자신에게 주어진 역할 모두를 완벽하게 소화할 수는 없을지라도 그녀는 그 역할들 간의 균형을 맞춘 삶을 살게 됐다. 꿈을 향해 나아가는 일, 그것은 엄마에게도 예외가 될 수 없다. 우리 중 어떤 누구도 꿈을 이루는 데서 열외가 될 이유가 없다.

결혼하고서도 미스 김으로 사는 이유

아무리 나이가 들어도 소녀로, 청년으로 살아가는 건 우리 안에 있는 젊은 감각을 유지할 수 있게 해 준다. 한곳에 머무르지 않고 계속해서 앞으로 나아갈 수 있는 힘이 되기도 한다. 나이가 들수록 만나는 상대에게 나이를 물어보는 것만큼이나 무용한 질문은 없다. 다 같은 어른끼리 나이로 서열을 정하려고 하는 것도 우스운 일이지만, 자신이 늙어 간다는 사실을 자꾸 되새길 필요도 없기 때문이다.

그녀는 결혼하고서도 '미시즈 김'이 아닌 '미스 김'으로 살고 있다. 그런 명칭을 자신의 이름 앞에 붙이게 된 이유는 젊은 감성을 잃지 않고 창조적인 아이디어를 유지하려는 소망에서 비롯됐을 거라고 본다. 여성이 가장 아름다운 때는 미혼일 때라고 생각해서 스스로 미스 김이라고 부르게 됐고, 자신의 브랜드에도 넣게 됐다고 한다. 자신을 찾는 고객들에게도 그 아름다운 때를 상기시키고자 하는 의미도 있다고 한다.

나이가 들면 현실에 안주하고 싶어 하는 것이 인간의 특성이다. 도전이나 모험보다는 안락함이나 편안함을 더 선호하게 된다. 그런데 100세 시대에 접어든 지금, 청년의 시기와 중장년의 시기를 예전과는 다르게 정의해야 한다는 말이 있을 정도로 사람들은 이전보다 훨씬 더디게 나이 들고 있다. 도전과 모험이 젊은 세대의 전유물처럼 여겨지는 시대가 아니라 나이와는 상관없이 도전할 수 있는 시대가 됐다. 예전에는 편히 살고자 했던 연령대에서도 변화의 삶을 수시로 맞이해야만 할 정도로 수명이 길어졌으니 말이다.

결혼을 하는 시기도 20대에서 40대까지 폭이 넓어졌으며 그에 따른 출산의 시기도 개인마다 다 달라졌다. 예전엔 한 번 직업을 가지면 60대가 될 때까지 같은 직업을 유지했다면, 이제는 직업을 가짐과

일 좀 하는 언니들 이야기

동시에 변화를 맞기도 하고, 변화에 이어 또 다른 변화를 맞게 되는 흐름이 됐다. 선택, 안정, 다시 선택의 과정이 이제는 선택, 변화, 또 다시 변화의 과정으로 바뀌게 된 것이다. 언제든 우리는 직업을 수시로 바꿀 수 있고, 한 사람이 여러 개의 직업을 동시에 가질 수도 있게 됐다. 즉, 언제든 변화를 맞이할 준비를 해야 한다는 뜻이다.

그녀 역시 이런 변화를 인식하고 실질적인 시스템의 변화까지도 창출하고자 '나를만드는이야기'라는 법인을 만들게 됐다. 그 안에서 그녀는 다양한 콘텐츠들을 생산하고 있다. 그중에서 그녀가 만드는 여행 콘텐츠는 아이들을 동반한 가족 여행, 부부 여행, 연인들의 여행, 친구 여행 등을 바탕으로 하고 있다. 여행 콘텐츠를 통해서 그녀가 추구하는 바는 많은 사람들에게 삶의 본질에 관한 의미를 깨닫는 기회를 주는 거다. 누군가의 일방적인 가르침으로 인한 배움이 이제는 생명력을 잃은 시대이기도 하다. 지식을 통해서는 인생의 가치를 찾기 힘들 때가 많다. 따라서 그녀는 체험을 통해 사색하고 느끼면서 자기 삶의 의미를 되새길 수 있는 다양한 프로그램들을 제공하려는 것이다.

그녀는 매달 각계각층에서 일하고 있는 여성들을 인터뷰하고 그녀들의 이야기를 소개하는 일도 하고 있다. 그렇게 하는 이유는 많은 여성들의 삶과 그들이 하는 일을 소개함으로써 다른 여성들이 힘을 얻고 동기를 부여할 수 있도록 격려하기 위함이다.

꿈이 있는 사람은 쉽게 나이 들지 않는다. 꿈이 있는 한 청춘이다. 아무리 나이가 어려도 꿈꾸는 능력이 없는 사람은 늙은이보다 오히려 늙은 삶을 살고 있다고 해도 과언이 아니다. 우리가 결혼을 했든 아이 엄마가 됐든 그것이 우리의 나이를 증명해 주는 게 아니라 얼마만큼의 젊은 사고와 꿈을 가지고 있느냐가 우리의 젊음을 증명해 준다는 뜻이다. 그녀가 결혼을 했어도 미스 김으로 살면서 여러 가지 도전과 변화를 주저하지 않는 것처럼 말이다. 그녀는 호호할머니가 될 때까지 미스 김으로 살 거라고 한다. 아마도 대한민국에서 가장 열정 넘치는 할머니가 되지 않을까 싶다.

꿈을 이루었는지, 이루지 못했는지가 중요한 문제가 아니다. 설령 꿈을 이루지 못한다고 하더라도 우리가 꿈을 꾸었다는 사실이 더 중요하다. 도전 자체가 우리에게 던져 주는 메시지를 통해 우리는 삶의 교훈을 얻게 될 것이고 그것만큼 우리를 성장시킬 힘은 없으니까.

사람은 나이를 먹는다고 해서 늙는 게 아니다. 꿈과 이상을 잃었을 때 비로소 시들어 간다. 겉모습이 아무리 젊고 어려도 영혼이 시들었다면 죽어 있는 것과 마찬가지다. 꿈과 이상은 우리 영혼에 피를 돌게 한다. 새로운 일을 시도하고자 하는 용기만큼 우리는 젊어질 것이고, 내 능력을 의심하는 만큼 우리는 늙어 갈 것이다. 희망을 가질수록 우리는 웃을 것이고, 절망을 가질수록 울게 될 것이다.

오늘 진짜 어리고 싱싱한 나로 살지, 마음에 주름을 하나둘씩 그어 가면서 늙은 사람으로 살지는 전적으로 나의 의지에 달렸다. 우리의 외모가 어떻게 늙어 가든 우리는 늘 어린 채로 살 수 있다. 꿈꾸기 전에 미리 이루지 못할 걸 염려하는 것만큼 우리를 늙게 하는 것도 없다. 이 순간만큼은 마음껏 꿈꿀 수 있기를, 걱정은 미래의 내

몫으로 남기고 오늘의 나는 그저 해사하게 웃으며 가장 어린 날을 살아가기를.

내가 내딛는 걸음이 바로 길이 되는 거야

우리는 가끔 우리에게 주어진 모든 역할을 잘 해내야 한다는 강박으로 자신을 몰아세우기도 한다. 어느 것 하나 소홀히 할 수 있는 역할은 없겠지만, 때로는 한 박자 쉬고 조금은 모자라도 눈 감을 줄 아는 여유를 가진다면 에너지가 방전되어 나가떨어지는 불상사는 막을 수 있지 않을까.

지금 내가 하고 있는 일, 내 앞에 있는 모든 과제들이 나에게 버겁게 느껴질 것이다. 앞으로 어른이 되어 하게 되는 일들은 더 버거울지도 모른다. 우리의 템포를 적절하게 조절하는 연습을 지금부터 하지 않으면 인생의 모퉁이를 돌 때 속도 조절을 못해 길에서 이탈하게 될 수도 있다. 그러니 나중에 전속력으로 질주할 때를 대비해 지금부터 속도 조절을 잘해야만 한다.

아무리 열정으로 뭉쳐져 있는 사람이라도 체력이 방전되고 지칠 때가 있다. 그녀 역시 육체적으로 힘들고 인간관계에서 피로함을 느낄 때가 있다고 한다. 거기에다 아이 둘을 키우는 엄마이기도 하니 일과 가사를 병행한다는 건 여간 힘든 일이 아닐 것이다. 그래서 그녀는 슈퍼우먼이 되라고 자신을 다그치지 않는다고 한다. 우리 모두에게는 나를 다그치지 않는 연습이 필요하다. "뱁새가 황새 따라가다 가랑이가 찢어진다"라는 속담이 있듯이, 모두가 똑같은 속도로 뛰어야 할 이유는 어디에도 없다.

그녀는 아이들을 가르치는 선생님이었고, 연극을 했고, 의류를 판매하며 스타일링을 한다. 여성들의 이야기를 만들어 유튜브에 올리기도 하고, 여행 콘텐츠들도 만들고 있다. 앞으로 여성 매니지먼트, 엄마 매니지먼트, 엄마 학교 같은 여성 콘텐츠 또한 운영할 계획이라고 한다. 그리고 자신이 창업을 하면서 겪었던 어려움이나 노하우들을 전수해 다른 사람들의 창업을 돕고자 한다.

'삘짓은 많이 해 볼수록 좋은 것'이라는 메시지를 담은 '삘짓 아카데미'도 개설할 예정이다. 재미있는 이름만큼이나 그 안에서 갖가지 다양하고 재미있는 프로그램들이 만들어지지 않을까 벌써부터 기대된다. 그리고 그녀는 여성을 위한 일뿐만 아니라 '휴머니즘'에 바탕을 둔 콘텐츠들을 더 많이 만들고 싶다고 한다. 진정한 인간다움과 인간 존중은 나로부터 나오고, 나의 변화로부터 이루어진다고 믿기 때문에 남녀노소에게 필요한 많은 프로그램들을 제공할 거라고 한다.

그녀는 외적 아름다움과 내적인 아름다움이 서로 균형을 이룰 수 있도록 아름다움과 관련한 예술 문화 콘텐츠를 만들고, 이른바 '경단녀'들의 사회 진출을 돕는 일에 참여할 계획도 갖고 있다. 고령 사회를 살며 시니어 층에 대한 활동들도 경단녀 사회 진출 프로그램과 더불어 추진할 예정이다. 엄마와 자녀가 같이 참여하는 패션쇼, '청춘사진관'이라는 이름으로 '꽃꼬즌미스김'의 의상을 빌려 주어 마지막으로 남기는 영정 사진에 아름다운 나를 담는 작업 등 그녀가 앞

으로 만들어 낼 콘텐츠들은 무궁무진하다.

　대부분의 노동자들은 회사가 정한 규칙 안에서 누군가의 지시를 받으며 일한다. 그런 사람들과는 반대로 자신만의 길을 개척해서 자신만의 방법대로 일을 하는 사람들도 많다. 누구나 정해진 방법대로 살아야 하는 것도 아니고, 정해진 규칙에서 무조건 벗어나는 삶을 살아야 하는 것도 아니다. 때로는 무언가에 순응해서 사는 삶이 편할 수도 있고, 때로는 개척자로서의 삶이 재미있고 자유로울 수도 있다.

　우리의 모습을 아무도 획일화시킬 순 없다. 우리의 모습을 하나의 잣대를 가지고 규정할 수도 없다. 우리는 순응자로서도, 개척자로서도 살 수 있다. 어떤 모습으로 살든 그것이 우리에게 행복을 가져다주는 것이면 족하다. 누군가는 지도에 그려져 있는 길을 따라 목적지에 도착하는 사람이 있는가 하면, 지름길을 찾아가는 사람도 있다.

그들 중에는 길이 없으면 길을 만들어서라도 자신이 뜻한 바를 이루는 사람도 있다.

그녀는 "나다운 것이 가장 완벽하다"고 말한다. 많은 사람이 가는 길이라고 쉽게 따라가는 것도 답이 될 수 없고, 아무도 가지 않는 길이라고 그 길의 끝이 벼랑일 거라 짐작하는 것도 멋지지는 않다. 우리는 남과 함께 살아가지만 나와 가장 오랜 시간을 살아간다. 나만의 아름다움과 아무도 흉내 내지 못할 나만의 매력으로 내가 가장 재밌고 즐거울 수 있는 일을 선택하는 것, 그것이 내가 나를 행복하게 만드는 일일 것이다.

일 좀 하는 언니들 이야기

CEO이자 콘텐츠 개발자 김은정 언니에게 물어봐!

Q. CEO의 자리는 모든 것을 책임져야 하는 자리잖아요. 그것이
   힘들게 느껴지거나 여자이기 때문에 약점으로 작용했을 때는
   없으셨나요?

A. 여자이기 때문에 약점이 되는 때는 남자 대표들이 인간 대 인간
   으로 대하지 않고 여성으로 나를 볼 때죠. 그런 경우가 많지는
   않지만 그럴 때는 지혜롭고 노련한 태도가 필요해요. 일부러 가
   족사진을 걸어 놓기도 하고요. 하지만 오랜 경험이 쌓이다 보면
   그런 일 정도는 전혀 문제가 되지 않을 정도로 잘 넘길 수 있게
   돼요. 그리고 대표의 자리는 모든 것을 책임지는 자리라는 걸 당
   연하게 받아들였어요. 저는 대표는 대표답게, 직원은 직원답게
   일해야 한다고 생각해요. 직원에게 자신을 대표라고 생각하고
   일하라고 한다든가 매니저에게 실장 같은 태도를 가지라고 하
   지 않았어요. 제가 대표라는 명칭을 달고 있는 한 그에 따른 어
   려움 또한 제가 당연히 짊어져야 한다고 생각해요.

Q. 그렇다면 여성 CEO가 가질 수 있는 강점은 무엇일까요?

A. 여성 특유의 섬세함과 감성으로 여성 고객의 니즈를 더 잘 파악
   할 수 있어요. 특히, 제가 하는 사업은 여성을 대상으로 하는 사
   업들이 많기 때문에 여성인 제가 누구보다도 고객을 더 잘 이해
   할 수 있고, 고객이 원하는 바를 더 빨리 알아차릴 수 있겠지요.

Q. 현재 어떤 콘텐츠들을 운영하고 계신가요?

A. '꽃꼬즌미스김'이라는 패션 브랜드를 운영하고 있고요, 법인회사 '(주)나를만드는이야기'를 만들어 다양한 카테고리로 본격적 콘텐츠들을 만들어 나가고 있어요. 또, 매달 숨은 여성 인재를 발굴해서 인터뷰한 뒤 영상을 만들고 있고요. 현지인들과 같은 삶, 현지인처럼 먹고 자고 걷고 소통하는 시간을 보내면서 좀 더 실질적인 경험을 할 수 있는 여행 콘텐츠도 만들고 있어요. 아울러 '엄마 학교', '뻘짓 아카데미' 등 다양한 콘텐츠들을 개발하려고 하고 있어요.

Q. 콘텐츠들을 만드시면서 한계를 느낀 적은 없으셨나요?

A. 하고 싶은 일을 콘텐츠의 형태로 만들기 때문에 설렘이 더 크답니다. 간혹 가다 환경이 안 따라 준다거나 다수의 호응을 얻지 못하는 등 금전적으로 유지하기에 버겁게 느껴질 때도 있지만, 상황에 따라 수정하고 보완하면서 이어 가려고 하고 있어요.

Q. 사업을 할 때 가장 필요한 역량이나 조건은 무엇일까요? 돈도 많이 필요할 것 같은데 말이에요.

A. 호기심, 디테일한 연구, 꾸준함이라고 말씀드리고 싶어요. 긍정적 마인드와 아이디어를 행동으로 옮기는 실행력과 책임감 등을 부수적으로 들 수 있죠. 금전적인 경우는 어떤 일로 출발하느냐에 따라 천차만별이기 때문에 하려는 일 혹은 하고 싶은 일을

찾아서 그 일에 대한 시드머니(종잣돈)를 가지고 출발하면 된다고 생각해요. '될 때까지 해 보겠다'는 마음만 있으면 망하지 않는다고 단언할 수 있어요.

Q. 자신만의 콘텐츠를 운영하시면서 목표하는 바나 추구하는 바는 어떤 것인가요?

A. 겉멋만이 아니라 내외면의 균형 잡힌 아름다움을 추구하고 만들어 가려고 노력하고 있어요. 더 많은 사람들이 자신만의 매력에 더 많은 관심을 가질 수 있었으면 하는 바람이 있어요. 매력은 완전한 내 것으로 아무도 흉내 낼 수 없는 '깊은 향기'를 가지는 것이라고 생각해요. '나다운 것이 가장 완벽하다'고 생각해요. 많은 분들이 자기다움을 발견할 수 있도록 돕고 싶어요.

Q. 열정이 넘치는 친구들도 있지만, 전혀 열정이 없는 친구들도 있어요. 그런 친구들에게는 어떤 말씀을 해 주고 싶으신가요?

A. 열정은 '나를 아는 것'에서 나온다고 생각해요. 열정이 없는 사람은 절대 없어요. 내가 아직 모를 뿐이죠. 내가 밤새도록 해도 즐거운 일이 무엇인지 나를 잘 관찰하다 보면 내가 좋아하는 것, 잘하는 것, 하고 싶은 것 등을 알게 되고 그렇게 되면 열정이 나온다고 생각해요. 한 번 뿜어져 나온 열정은 석유가 마구 뿜어져 나오듯이 솟아나서 미친 열정까지 갈 수 있어요.

Part 6

평범함 속에서
특별한 일들을
발견해

시작은 아무리
작아도 괜찮아

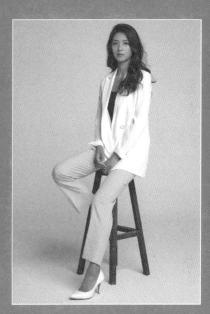

_ 공인노무사
박세리

공인노무사 노동 관계 분야 전반에 대한 사항을 분석하고 개선 방안을 제시하며, 근로자의 부당 해고 등의 권리 구제, 산재 신청 대리, 임금 체불 진정 등 채용 시부터 퇴직 시까지 일어나는 모든 법률문제를 담당하는 역할을 한다. 즉, 근로자들의 권리 구제를 위해 다양한 법률 서비스를 제공하는 일을 한다.

"시간이 언제나 당신을 기다리고 있다고 생각지 말라! 게을리 걸어도 결국 목적지에 도달할 날이 있을 것이라는 생각은 잘못이다. 하루하루 전력을 다하지 않고는 그날의 보람은 없을 것이며, 동시에 최후의 목표에 능히 도달하지 못할 것이다." - 괴테

네가 어떻게 대학에 들어가?

우리 모두는 태어나서 자라는 과정까지 부모님에게 돌봄을 받는 걸 당연한 일처럼 생각한다. 하지만 누군가는 당연하게 받게 되는 돌봄이 어떤 아이들에겐 당연하지 못한 일이 될 때도 있다. 태어나자마자 버려지는 아이들도 있고, 어쩔 수 없는 사정으로 부모님과 떨어져 사는 아이들도 있다. 부모님과 함께 살지만 부모님의 관심을 못 받는 친구들도 있고, 부모님이 너무 바빠서 신경을 써 주지 못하는 경우도 있다.

어린 시절부터 자신의 힘으로 삶을 살아 내야 하는 친구들이 많다. 스스로 밥을 차려 먹고, 스스로 용돈을 벌고, 스스로 공부해야 하는 친구들 말이다. 그런 친구들에겐 주어진 환경이 그저 버겁기 때문에 '꿈'이라는 단어가 사치처럼 느껴지기도 할 것이다. 하루하루를 살아 내는 일 자체가 마치 치열한 전투와도 같아서 꿈을 꿀 힘이 없을 정도로 말이다. 버티기도 힘든 친구들에게 꿈을 꾸라고 말하는 건 아무것도 없는 상황에서 무언가를 만들어 내라고 요구하는 것만큼 힘든 말이 되기도 한다.

일 좀 하는 언니들 이야기

지금은 노동자들의 권리를 위해 일하고 있는 박세리 공인노무사 역시 어렸을 때는 꿈을 꿀 여력이 없었다. 아니, 꿈이 뭔지도 몰랐다. 아무도 그녀에게 앞으로의 꿈에 대해서 이야기하지 않았다. 들어본 적이 없는 말이기 때문에 모르는 건 당연한 일이었다. 그녀는 슬프고 힘든 일을 금방 잊어버리고 웃는 아이였지만, 아무리 그런 성향을 가졌대도 배워 본 적도 없는 꿈까지 만들어 내지는 못했다.

어렸을 때부터 집안 형편이 좋지 않아 그녀는 열 살까지 할머니와 살아야 했다. 부모님과 함께 살지 못하는 그녀를 보며 할머니는 늘 안타까워했다. 이후 부모님과 살게 되기는 했지만, 부모님은 그녀에게 관심이 없었다. 인문계 고등학교에 다니고 있었지만 부모님은 단 한 번도 그녀에게 대학에 관한 이야기를 꺼내지 않았다. 학교에서 필요한 문제집조차 사 주지 않았다. 그녀에게 철저하게 무관심했고, 그녀 역시 대학에 가야겠다거나 무엇이 되겠다는 생각을 하지 않았다. 그저 집에서 벗어나고 싶을 뿐이었다.

그녀에겐 그녀를 돌봐 줄 어른뿐만 아니라 꿈은 어떤 것인지, 어떻게 하면 꿈을 이룰 수 있는지 가르쳐 줄 사람이 필요했다. 그렇게 가르쳐 줘야 할 부모님은 그녀에게 관심이 없었고, 학교 선생님들도 마찬가지로 그녀에게 별로 관심이 없었다.

어느 날, 엘지디스플레이 공장에서 일하고 있던 사촌언니가 그녀에게 하이닉스반도체 공장에 이력서를 넣어 보라고 권유했다. 집에서 벗어나기만을 바랐던 그녀는 사촌언니의 권유에 따라 공장에 이력서를 넣었고 그때부터 집에서 나와 청주의 공장에서 일하게 됐다.

그곳에서 3개월간 일하다 보니 그녀는 문득 '이렇게 살아서는 안 되겠다'는 생각이 들었다고 한다. 그곳에선 어떤 희망도 찾을 수 없었다. 그렇게 계속 일하다 보면 10년 후에도 똑같은 모습으로 살고 있을 것만 같아 두려웠다고 한다. 이제는 공장에서 벗어나야만 했다. 가정도, 공장도 그녀에게는 벗어나야만 하는 곳이었다. 자신의 삶에도 희망찬 미래가 있을 거라고 기대하기 위해서는 환경을 바꾸는 것이 답인 듯 보였다.

그때부터 그녀는 집에도 가지 않고 친구들도 만나지 않으며 월급을 모두 모으기 시작했다. 그렇게 꼬박 1년 동안 일하면서 돈을 모았다. 확고한 신념이나 꿈은 없었지만 일단 그곳만은 벗어나자고 다짐하면서 참았다. 대학교를 다니는 또래 친구들의 모습이 너무 부러웠다. 그리고 왠지 스무 살이 되면 뭐든 할 수 있을 것 같은 생각도 들었다. 고등학교 때 비록 학업에 충실하진 않았지만 근거 없는 자신감이 들었다. 그렇게 1년 동안 꼬박 모은 월급과 퇴직금을 들고 공장을 나가 창문도 없는 고시원 방을 얻었다.

빛도 들지 않는 작은 고시원 방이었지만 그곳은 그녀에게 꿈을 꿀 수 있는 공간이었고, 새로운 인생을 시작하는 출발점이었다. 어른만 되면 무엇이든 할 수 있고, 무엇이든 될 수 있을 것 같은 자신감을 그곳에서 더 크게 키웠을지도 모른다. 지금은 비록 어두운 방 한 칸이 전부이지만 먼 훗날 더 많은 것들을 가질 수 있을 거란 희망을 품으면서 말이다.

그녀가 공장을 그만두고 나올 때, 당시 공장의 작업반장은 그녀에게 이런 이야기를 했다고 한다.

"네가 지금 나가서 공부한다고 대학을 갈 수 있겠니? 너보다 한 살 어린 애들은 지금까지 수능 준비를 하고 있었지만, 너는 그동안 공부도 하지 않았잖아. 그런데 네가 어떻게 대학을 간다고 그래? 지금 네 나이에 이만큼 월급 많이 받을 수 있는 회사는 없어. 퇴사했다가 다시 재입사하고 싶어 하는 사람들이 얼마나 많은지 알아?"

그는 공부를 하겠다던 그녀를 비웃었다. 여태껏 공부와는 담을 쌓고 지낸 아이가 공부를 해서 대학을 가겠다고 했으니 그 말이 황당무계하게 들리는 것이 어찌 보면 당연할 수도 있다. 그는 정신 차리고 현실을 똑바로 보라고 그녀에게 얘기하고 있었다. 그리고 언젠가는 그녀가 돌아와 다시 일할 수 있게 해 달라고 사정할 거라 지레 짐작했다. 그리고 그런 말에 그녀는 잠시 흔들린 순간도 있었을 것이다.

그럼에도 불구하고 그녀는 과감히 퇴사를 했다. 공장에서 더 일하다가는 그 생활에 익숙해져서 절대 그곳을 빠져나올 수 없을 것만 같았고, 어떤 희망적이고 낙관적인 미래도 그려 볼 수 없었기 때문이다. 그리고 안 해 보고 후회하는 것보다는 해 보고 후회를 하는 게 더 낫겠다는 생각을 했다. 그렇게 결심하고선 딱 수능 칠 때까지의 월세, 밥값, 책값만 남기고 나머지 돈은 모두 통장에 넣어 두었다. 그리고 핸드폰도 정지시키고 외부와 모든 것을 차단한 채 그녀는 혼자 고시원 방에서 공부를 했다. 그날의 결심이, 그날의 행동이 그녀를 대학생으로 만들어 주었다. 학비에 대한 부담을 조금이라도 덜기 위해 두 군데의 국립대에 지원했고 그중 한곳에 합격해서 법학과에 진

학하게 됐다. 대학생이 되었다는 사실만으로도 그녀는 정말 기뻤다.

혼자서 돈을 벌고, 혼자서 결정하고 행동하게 되기까지 모든 과정이 결코 쉽지만은 않았을 것이다. 아니, 너무 힘들어서 앞이 막막했을 것이다. 주변에 자신의 고민을 털어놓고 조언을 구할 수 있는 사람도 없이 어린 나이에 자신의 앞날을 결정해야 한다는 건 무척이나 부담스러운 일이다. 하지만 그 모든 과정을 겪으면서 그녀는 다른 친구들보다 훨씬 더 성숙해졌을 것이다.

요즘은 '헬리콥터맘'이라는 말이 있을 정도로 모든 일을 엄마가 나서서 대신해 주는 시대다. 대학생이 된 후에도 엄마가 대신 수강 신청과 수강 정정 신청까지 해 주고, 부당한 학교 행정에 맞서 시위까지 대신해 준다고 한다. 그 모든 행위들은 자식이 어른이 되는 과정을 막아 버리는 일이다. 엄마들이야 자식이 고생하는 게 싫어서 모든 걸 대신해 준다고 하지만, 그런 엄마가 죽은 후에는 자식이 어떻게 어른으로서 이 세상을 살아갈 수 있을지 걱정스럽다.

우리는 누구나 의존하고 싶은 마음을 갖고 있다. 누군가에게 의존해 살아가는 삶이 세상에서 제일 편하기 때문이다. 그러나 언젠가 우리는 의존에서 벗어나 독립적인 주체로 살아야 한다. 안타깝게도 그런 상황에 너무 일찍 내몰린 친구들이 박세리 공인노무사의 모습을 보면서 조금이라도 희망을 얻게 되기를 빌 뿐이다.

안 해 본 아르바이트가 없을 정도야

1990년대까지만 해도 학생들이 아르바이트를 한다는 건 있을 수도 없는 일이었다. 청소년들이 일하는 것을 나라에서 허용하지 않았고, 자칫하면 학생들을 고용한 사람이 벌금을 물어야 할 수도 있었다. 그리고 다른 사람들에게 욕을 들을 정도의 일이기까지 했다. 청소년의 노동을 착취한다는 느낌이 강해서였다. 그런데 요즘은 시대가 많이 변해서 많은 학생들이 아르바이트를 한다. 청소년들에게도 일할 수 있는 권리를 인정해 주기 위한 사회적 인식의 변화가 있었기 때문이다.

어느 누군가는 가장의 역할을 하느라 돈을 버는 친구들도 있을 테고, 누군가는 자신의 용돈을 벌기 위해 일하는 친구들도 있을 것이다. 그리고 자신이 사고 싶은 것을 마음껏 사기 위해 일하는 친구들도 있다. 돈을 버는 이유와 목적도 각양각색이다. 다만 그 행위가 자신을 나락으로 떨어뜨린다거나 자신의 수저 색깔을 결정하는 데까지 이어지지 않기를 바랄 뿐이다.

박세리 공인노무사 역시 고등학교 때부터 스스로 돈을 벌었고, 그토록 원하던 대학을 들어가서도 끝없이 아르바이트를 했다. 생활비를 벌기 위해 안 해 본 아르바이트가 없을 정도였다. 식당과 카페 또는 호프집 서빙을 하며 헬스장 카운터 아르바이트도 했다. 하루에 세 시간씩만 자면서 투잡을 뛰었다. 박람회 등의 행사장 아르바이트, 명절 단기 아르바이트, 보습학원 채점 아르바이트 등 셀 수 없을 정도로 많은 아르바이트를 했다. 그러다가 학비와 생활비 문제로 휴학을 하고 1년간 일하며 돈을 모아 다시 학교로 돌아갔다.

그녀가 했던 여러 아르바이트 중 가장 기억에 남았던 아르바이트는 양파 까기였다고 한다. 다른 아르바이트보다 시급을 많이 줘서 시작하게 됐다고 한다. 양파를 까다 보면 몸은 너무 힘들었지만 아무 생각이 들지 않았기 때문에 그 당시 삶의 어려움을 잠깐 동안이라도 잊을 수 있었다고 한다. 20대 여성이 시장에서 양파 까는 일을 하는 경우는 거의 없었다. 게다가 그녀는 피부색이 검었기 때문에 시장 사람들은 그녀가 말하는 걸 듣기 전까지는 모두 그녀가 태국 사람인 줄 알았을 정도라고 한다.

어린 시절부터 일을 하면서 그녀는 내가 왜 이렇게까지 고생을 해야 하는지 부모님을 원망한 적도 있었을 것이다. 편하게 학교를 다니며 공부만 하면 되는 친구들이 마냥 부러웠을 것이다. 온종일 양파를 까는 날이면 양파가 매워서 그런 건지 자신의 처지가 처량해서 그런 건지 알 수 없는 눈물을 흘렸을지도 모른다.

일 좀 하는 언니들 이야기

우리 친구들이 공부만 하면 되는 환경에서 자란다는 건 어찌 보면 큰 행운일 수도 있다. 노동은 어른이 돼서 시작하는 게 마땅하다고 생각했기에 청소년들의 노동을 나라에서 막은 적도 있었다. 그 기간에는 실컷 놀고 또 실컷 공부하라는 어른들이 베푸는 최소한의 배려이기도 했다. 지금은 청소년들도 일을 할 수 있는 사회 분위기가 만들어졌지만 육체적으로 완전히 성숙하지 않은 친구들이 할 수 있는 일이라고는 오토바이를 몰면서 배달을 하는 일, 식당 서빙, 편의점 알바 등 육체적인 일들이 태반이다. 한 가지 분명한 건 학비를 벌기 위해, 생활비를 벌기 위해, 자신의 꿈을 이루기 위해 끊임없이 아르바이트를 해야 했던 그녀처럼 더 큰 일을 하기 위한 준비 과정일 뿐이라고 생각해야 한다는 거다. 평생 아르바이트만 할 것처럼 아무 목표나 목적도 없이 아르바이트를 하면서 사는 인생을 당연하게 받아들이는 친구들을 가끔 보게 된다. 아르바이트는 우리가 잠깐 들르는 여행지처럼 여겨야 한다. 여행지에 가면 새롭고 값진 경험을 하게 되고, 여행지에서 돌아오면 그 힘으로 다시 일을 하고 일상을 살게 되는 것처럼 아르바이트 역시 다른 일을 하기 위한 값진 경험이라고 생각해야 한다.

지금 여러 가지 경험을 쌓아 앞으로 더 멋진 일을 할 거라고 자기 자신을 다독일 수 있어야 한다. 아직 내가 어리기 때문에 내 앞에 멋진 미래가 오지 않은 것일 뿐 언젠가는 내 손에 잡힐 거라 생각하며 오늘을 이기는 연습을 해야 한다. 그녀가 자신의 미래를 위해 오늘 힘든 일을 마다하지 않았던 것처럼 말이다.

원하는 걸 쉽게 얻을 수는 없어

돈을 벌기 위해 1년간 휴학을 하고 복학한 후 그녀는 공인노무사 시험을 준비하기 시작했다. 당시 친한 선배가 공인노무사 시험을 준비하고 있었는데, 공인노무사는 노동자들의 권리 행사를 돕는 일을 한다는 걸 알게 됐다. 대부분의 사람들이 노동자이기 때문에 그 누구를 만나도 공통의 주제로 이야기를 할 수 있다는 점이 매력적으로 느껴졌다. 그래서 그때부터 그녀는 공인노무사 시험을 준비하게 됐다.

2013년 두 달 정도 준비해서 1차 시험엔 합격했지만, 두 달 후에 치른 2차 시험은 제대로 준비하지 못해 실패를 맛봤다. 2014년에 다시 2차 시험을 치렀지만 결국 떨어지고 말았다. 그녀는 수험 서적을 몽땅 팔고, 수중에 남은 150만 원을 들고 고향으로 돌아가 살 집과 일자리를 구했다. 일자리를 구하면서 무엇을 할지 고민하고 고를 시간이 없었고, 다른 자격증도 없었기 때문에 집에서 가까운 옷가게에 취직해 옷을 팔기 시작했다.

그러던 어느 날, 친구 한 명이 자기는 당장 쓸 일이 없으니 다시 공부해서 시험을 치르는 데 보태라며 적금을 깨서 100만 원쯤 되는 돈을 빌려 주었다고 한다. 수험 준비엔 턱없이 부족한 금액이긴 했지만 그 친구의 마음이 너무나 고마웠다고 한다. 그리고 자신을 믿어 주는 사람이 있다는 생각에 그녀는 큰 위안을 얻었고, 다시 공부할 수 있는 용기를 얻게 됐다.

세상에 나를 믿어 주는 사람이 단 한 명이라도 있으면 어떻게 해서든지 살아가도록 만든다. 그 믿음이 내게 힘을 주고 세상으로 나아

가게 만든다. 힘들 때면 그 사람이 준 용기를 떠올리며 다시 힘을 얻을 수 있다. 누군가에게는 100만 원이라는 돈이 아무것도 아닐 수도 있지만 그것을 남을 위해 쓰라고 하면 아무리 돈이 많은 사람이라도 주저하게 될 것이다. 나를 위해 돈을 쓸 수는 있어도 남을 위해 쓰라면 아까운 마음이 드는 게 당연하다.

그녀의 친구가 건넨 그 돈은 친구의 미래와 꿈을 지지하는 마음 그 자체였다. 그 친구가 아니었다면 그녀는 그냥 옷 가게에서 계속 일을 했을 것이고, 시험을 접고 싶은 마음까지 들었을지도 모른다. 비록 공부에만 매달리기에는 턱없이 부족한 금액이었지만 그녀의 마음을 꽉 채워 주기에는 충분했다.

그녀는 친구의 격려에 힘을 얻어 한 번만 더 해보자라는 생각에 하던 일을 그만두고 공부를 시작했다. 직장을 다니면서 공부하는 사람들도 많지만, 그녀는 둘 다를 병행하는 건 자신에게 적절한 방법이 아니었기 때문에 수험 기간 동안의 생활비를 마련해 두고 공부에만 매진했다. 수험생들이 모두 가지고 있는 시험에 대한 불안감을 그녀 또한 늘 느끼면서 공부했다. 게다가 생활비에 대한 고민을 늘 해야만 했다. 그런 고민에 잠을 이루지 못한 날들도 많았다. 그러면 다음 날 컨디션이 나빠지는 악순환이 반복되곤 해서 그녀는 좋은 컨디션을 유지하는 게 가장 힘들었다고 한다.

그런데 아이러니하게도 시험을 준비하는 동안에 일하지 않고 공부만 하면 된다는 점이 가장 좋았다고 한다. 늘 빠듯한 돈에서 생활비를 쪼개 공부했지만, 일을 하지 않고 공부에만 전념할 수 있다는 것이 그녀에게는 어쩌면 더 행복했을지도 모른다. 다시 공부를 시작했을 때는 1차와 2차를 다 치러야 해서 부담이 많이 됐지만 다행히 1차를 무사히 통과했다. 2차 시험 한 달 전에는 서울로 다시 올라와 학원을 다니며 준비를 했고 결국 시험에 합격했다. 수험에 전념한 기간은 1년 4개월 정도였다고 한다.

시험에 합격하던 날, 그녀의 머릿속에는 고생하면서 일하던 지난 시간들이 스쳐 지나갔을 것이다. 공장을 그만두고 나올 때 "무슨 대학을 가겠다고 저러나" 자신의 등 뒤로 꽂히던 부정적인 말들에도 불구하고 그녀는 새로운 마음으로 공부해 국립대에 들어갔다. 그리고 놓아 버릴 수도 있었던 꿈을 친구의 응원에 힘입어 다시 붙잡았고 드디어 그 꿈을 이루었다.

누군가는 내 꿈을 비웃을 수도 있고, 누군가는 할 수 있다고 응원해 주기도 한다. 우리는 가끔 부정적인 소리에 더 솔깃하기도 하지만 결국 내가 귀 기울여야 하는 말은 긍정적인 목소리다. 그녀가 부정적인 말에 수긍했더라면 대학에 절대 들어가지 못했을 것이다. 그리고 친구의 긍정적인 말을 듣지 않았더라면 공인노무사 시험에 합격하지도 못했을 것이다. 결국 우리는 나를 일으켜 세우는 말에 집중해야 한다.

고등학교를 졸업하고 나서부터 공인노무사가 되기까지 하루하루가 그녀에게는 쉽지 않았다. 원하는 것을 쉽게 얻으면서 살 수 없었기 때문이다. 다른 친구들이 당연히 대학을 다닐 때 그녀는 공장에서 일했다. 다른 친구들이 당연히 부모님의 사랑을 받을 때 그녀는

일 좀 하는 언니들 이야기

부모님의 관심조차 받지 못했다. 남들에겐 지극히 당연한 것처럼 보이는 모든 것들이 그녀에겐 전혀 당연하지 않았다. 그 당연한 것을 얻기 위해서는 수많은 시간을 들여 노력하고 그만한 대가를 치러야만 했다. 그런데 그 당시에는 모든 게 고생스럽고 힘들게만 느껴졌지만 시간이 지나 생각해 보니 '아무것도 아니었구나'라는 생각이 든다고 한다.

우리는 힘든 시간을 겪고 나서야 그것이 진짜 힘든 일이었는지 아닌지를 알 수 있다. 힘든 일을 겪고 있을 때는 힘든 것만 보이지만 지나 보면 그것이 얼마나 나를 키웠는지, 얼마나 내 삶에 보탬이 되는 사건과 경험이었는지를 알게 된다. 그러니 힘든 시간을 겪고 있다면 내가 할 수 있는 최선은 그 시간을 온 힘을 다해 겪어 내고 지나갈 때까지 기다려 보는 것이다.

그때를 지나 보면 느끼게 된다. 좋은 것일수록 우리 손에 쉽게 들어오지 않는다는 걸, 그것을 얻을 때까지 기다리는 연습을 계속해야 한다는 걸, 그리고 끈기를 가지고 기다리다 보면 어느 순간 내게로 올 것이라는 걸 말이다.

나는 노동자들을 위해 특별한 일을 해

세상에는 누군가를 돕는 직업을 가진 사람들이 많다. 재해나 사고가 일어난 곳에 가서 현장을 수습하거나 복구하고 화재를 진압하는 등 육체적인 힘을 동원해 다른 사람을 돕는 이들도 있고, 그런 노동력 대신 자신이 가진 돈을 기부함으로써 남들을 돕는 사람들도 있다.

그리고 자신이 공부한 것을 토대로 전문적인 지식을 갖추고 도움이 필요한 사람들을 위해 일하는 사람들도 있다.

그녀는 재해를 입은 노동자들의 권리 구제를 대리하는 일, 간단히 말하면 업무로 인해 재해를 입은 노동자들이 보상을 받을 수 있도록 도와주는 일을 하고 있다. 노동자들이 업무 중에 생긴 사고는 별 문제 없이 산업 재해로 인정받을 수 있다. 그런데 이미 오래 전에 했던 일 때문에 생긴 직업병이나 장기간 반복 작업으로 인한 질병의 경우에는 업무와의 인과관계를 입증하는 데 어려움이 많다. 그녀는 그렇게 밝혀내기 어려운 것까지 여러 자료와 근거를 모아 입증하고 노동자들이 보상을 받을 수 있도록 돕는 전문가로서 일하고 있다.

그녀는 공장에서 일하면서, 그리고 갖가지 아르바이트를 하면서 노동자들의 부당한 처우와 열악한 근로 환경을 많이 보았다고 한다. 자신도 그곳에서 일하면서 부당한 일을 겪은 적도 있었을 것이다. 그런 경험들 덕분에 그녀는 노동자들의 마음을 더 공감하게 되고, 그들의 처지를 더 깊이 이해하고 있을 수도 있다. 어쩌면 지난날의 경험들로 인해서 누구보다도 노동자들의 편에 서서 일할 수 있게 됐을지도 모른다. 머리로서만 그들을 이해하는 게 아니라 마음을 다해 그들이 권리를 되찾을 수 있도록 노력하면서 말이다.

그녀가 공인노무사로 일하면서 가장 기쁠 때는 재해를 입은 사람이 산업 재해로 인정을 받고 보상을 받을 때라고 한다. 재해를 입은 사람들은 대부분 한 가정의 가장이다. 가장이 쓰러지거나 다치면 가족 전체가 휘청거리게 된다. 그렇기 때문에 재해자 한 명이 보상을

받는 건 한 가정의 생존과 밀접히 관련돼 있다. 그만큼 중요하고 가치 있는 일이다. 그렇기 때문에 그녀는 자신의 일이 더 의미 있고 뿌듯하다고 한다.

하지만 간혹 좋은 결과를 얻지 못하는 노동자들도 있다. 보상을 받기 위해 소송을 제기했지만 끝내 패소하는 노동자들도 있고, 병이 갑자기 악화되는 사람들도 있다. 그녀가 만나는 노동자들 중에도 업무 특성상의 직업병으로 인해 사망하는 사람들이 있다고 한다. 처음 만났을 때는 건강했었는데 갑자기 병세가 악화되어 사망하는 경우도 종종 있다고 한다. 한동안 마음을 쏟고 도와줬던 사람이 갑자기 세상을 떠났을 때는 그녀도 가슴이 아프고 힘들다고 한다.

그래서 그녀는 더 큰 사명감으로 일하고 있다. 노동자가 피해를 입고 마음 아파하지 않도록, 그 가족들이 더 힘들지 않도록, 그리고 좋지 않은 결과를 보면서 그녀 역시 실망하고 죄책감이 들지 않도록 더 열심히 일하는 것이다. 직업병으로 인해 정신적 또는 육체적으로 힘들어하는 사람들, 특히 본인이 직업병인지조차 모르고 있는 사람들이 의외로 많다고 한다. 그녀는 앞으로 그런 사람들이 보상을 받을 수 있도록 더 많이 돕고 싶다고 말한다.

우리가 살아가는 세상에는 매일 사건 사고가 일어난다. 뉴스를 보면 공사장에서 추락했다는 사람의 기사가 나오기도 하고, 대기업 생산직으로 일하다가 암에 걸렸다는 사람의 기사가 나오기도 한다. 얼마 전에는 어느 스튜어디스가 급성 백혈병으로 회사 업무를 중단했는데, 그것이 자신의 업무 특성에 기인한 거라고 주장하며 항공사를 상대로 소송을 냈다는 기사를 본 적도 있다. 이런 사건 사고들에서 노동자들이 자신의 권리를 행사하고 또 보호받을 수 있도록 돕는 일들을 노무사들이 하고 있는 것이다.

그녀는 사무실에 앉아서 일하는 경우보다 외근을 나가서 재해를 입은 노동자들을 만나 그들이 작업하는 모습을 직접 현장에서 보고 그들과 이야기를 나누는 일이 많다고 한다. 이런 일이 그녀에겐 적성에도 잘 맞고 즐겁다고 한다.

그녀는 오늘도 현장에 있는 노동자들을 만나고 있을 것이다. 그리고 그들의 이야기에 귀 기울이면서 어떻게 하면 그들을 도와줄 수 있을지 고민하고 있을 것이다. 아무도 자신들의 이야기를 들어주지 않았는데 자신의 이야기를 들어주는 그녀가 노동자들에게는 누구보다도 특별한 사람이 아닐까 생각해 본다.

비록 그녀는 어렸을 때부터 힘들게 살았지만 지금은 힘든 사람들 편에 서서 일하면서 자기 자신을 특별한 사람으로 만들어 나가고 있다. 그리고 다시 오지 않을 오늘을 소중히 여기며 충실히 살기위해 노력하고 있다. 특별한 가정에서 특별하게 태어나는 것보다 자기 스스로 자신을 특별하게 만드는 일이 훨씬 가치 있는 건 아닐까. 어떤 가정에서 태어날지를 결정할 수는 없지만, 내가 내 인생을 어떻게 꾸릴지는 내가 결정할 수 있다. 과거는 바꿀 수 없지만 아직 오지 않은 미래는 얼마든지 바꿀 수 있다. 그러기 위해서 우리는 현재를 살아야 한다.

나 자신을 형편없는 아이로 생각하지 않는다면, 우리의 과거와 환경은 아무런 문제가 되지 않는다. 아마도 많은 사람들이 시험에 합격해서 공인노무사로 일하고 있는 그녀를 부러워할 수도 있다. 시험을 준비하는 사람들에겐 이미 시험에 합격한 사람이 부러움의 대상이 되곤 하니까. 그녀를 보며 대학 근처에는 가지도 못할 거라고 했던 사람들조차 지금의 그녀를 대단하다고 칭찬할지도 모른다. 그녀가 그랬던 것처럼 우리도 자신만의 특별한 일을 하면서 주어진 시간을 의미 있게 만들어 나갈 수 있다.

공인노무사 박세리 언니에게 물어봐!

Q. 공인노무사가 하는 일을 소개해 주세요.

A. 공인노무사는 노동 관련 분야 전반에 대한 사항을 분석하고 개선 방안을 제시하며, 노동자의 부당 해고 등의 권리 구제, 산재 신청 대리, 임금 체불 진정 등 채용 시부터 퇴직 시까지 일어나는 모든 법률문제를 담당하는 노사 관계 전문가라고 할 수 있어요. 저는 주로 재해를 입은 노동자들의 권리 구제를 대리하는 일, 간단히 말하면 업무로 인해 재해를 입은 노동자들이 보상을 받을 수 있도록 도와주는 일을 하고 있어요.

Q. 공인노무사 시험은 어떤 식으로 실시되나요?

A. 우선, 토익 700점 이상의 공인 영어 점수가 있어야 해요. 1차 객관식, 2차 주관식 시험으로 이루어지고요. 1차에 한 번 합격하면 2차는 그해에 한 번 치고 그 다음 해에 1차 면제를 받을 수 있어요. 3차로 면접을 또 봐야 하고요. 자세한 내용은 큐넷 홈페이지(http://www.q-net.or.kr)를 보면 알 수 있어요.

Q. 공인노무사 시험을 보는 데 학력이나 연령 제한은 없나요?

A. 미성년자는 우선 시험을 볼 수 없고, 그 외 학력이나 연령 제한은 특별히 없어요. 기타 법적으로 제한되는 경우들이 있기는 해요. 이 또한 큐넷 홈페이지를 보시면 자세한 내용을 확인할 수

있어요.

Q. 공인노무사가 되면 주로 회사에 들어가서 일하게 되나요?

A. 공인노무사 시험에 합격하면 우선 6개월간 수습 기간을 거쳐야
해요. 그 기간 동안 노무사 일을 배우게 되는 거죠. 그런 후에 개
인 사무소나 노무 법인에 취업할 수 있어요. 그 밖에도 행정 관
청, 공공 기관, 공기업, 일반 기업체, 연구소, 인사 및 노무 컨설
팅 업체 등으로도 진출할 수 있어요.

Q. 월급이 어느 정도 되는지 궁금해요.

A. 사실 월급은 천차만별이에요. 우선 공인노무사 시험에 합격하
고 나면 개인 사무실을 차리는 사람, 노무 법인에 입사하는 사
람, 기업에 입사하는 사람들이 있는데, 어떤 형태로 일하느냐에
따라 수입이 달라져요. 개인 사무실을 차리게 되면 영업력과 인
맥에 따라 수입이 결정되는 거라 개인 역량에 크게 좌우되고요.
법인이나 기업 같은 경우에는 그 조직에서 정해 놓은 연봉에 따
라 가는 거고요.

Q. 어떤 성향의 친구들이 공인노무사 일을 하면 좋을까요?

A. 다른 사람의 이야기를 잘 들어 주고 공감할 수 있는 사람이라면
어떤 친구든 노무사가 될 자질이 충분하다고 생각해요. 대부분
의 일들이 사람과 사람이 하는 일이고, 노무사 일 역시 사람들

을 위한 일이자 사람과 함께하는 일이니까요.

Q. 공인노무사라는 직업이 여성에게 괜찮은 직업일까요?

A. 여자라서 특별히 힘든 점은 없어요. 여자가 하기엔 힘든 직업이라고 생각하시는 분들도 많은데 노무사 업무에도 여러 가지 분야가 있기 때문에 꼭 그렇지만은 않아요. 특히 저의 업무 영역인 산재 보상의 경우엔 오히려 여자이기 때문에 재해를 입은 분들이나 가족들의 마음을 더 잘 헤아릴 수 있고, 배려할 수 있어서 강점이 많다고 생각해요.

Q. 공인노무사 시험을 준비하는 게 쉽지는 않을 것 같아요. 친구들에게 시험을 어떻게 하면 잘 칠 수 있는지 노하우를 알려 주신다면 어떤 게 있을까요?

A. 수험가에서는 각 과목당 기본서 10회독 이상이면 합격한다는 말이 있는데, 저는 잘 먹고, 잘 자고 최상의 컨디션을 유지하는 게 가장 중요하다고 생각해요. 2차 시험은 항상 여름에 있기 때문에 체력이 많이 달리거든요. 적당한 운동도 필요하고요. 2차 시험의 경우 서술형이기 때문에 알고 있어도 시간 내에 답을 쓰지 못하면 꽝이예요. 그래서 답안지 작성 연습이 꼭 필요해요. 문항마다 점수 배점도 다르기 때문에 양 조절도 중요하답니다. 한 문제의 답을 아무리 잘 써도 받을 점수는 제한되어 있기 때문에 각 문제당 부여된 점수만큼 시간을 잘 분배해야 해요.

우리의 꿈도
편집이 필요해

©STUDIO G1

_ 잡지사 취재기자

한보미

잡지사 취재기자 기사를 기획하고 취재해 원고를 쓰고 편집하는 일을 주로 한다. 여러 팀과 협력하여 하나의 완성된 잡지를 만들어 낸다.

"사람은 살려고 태어나는 것이지 인생을 준비하려고 태어나는 것은 아니다. 인생 그 자체, 인생의 현상, 인생이 가져다주는 선물은 숨이 막히도록 진지하다!" - 보리스 파스테르나크

우연히 찾게 된 일이 재미있기도 해

마치 영화의 한 장면처럼 첫눈에 반해 단 몇 초 만에 사랑에 빠지는 게 진짜 사랑이라고 느끼는 것처럼, 열정적으로 빠져드는 꿈만이 진짜 꿈이라고 믿는 사람들이 많은 것 같다. 평범한 일은 꿈이랄 것도 없고 뭔가 특별해야 꿈이라고 생각하는 사람들도 많다.

무언가 남들보다 뛰어난 점이 있어야 특별한 꿈이 되는 건 아니다. 우리가 꾸는 꿈을 얼마나 특별하게 만드느냐가 꿈의 진정한 가치를 만들어 내는 일이다. 꿈이 우리를 특별하게 만드는 게 아니라 우리가 꿈을 특별하게 만들어야 한다는 뜻이다.

남들이 보기엔 굉장히 의미 있는 일을 하는데도 본인 스스로 어떠한 가치도 부여하지 못한 채 불평과 불만을 늘어놓는 사람들이 있다. 그에 반해, 남들이 보기엔 지극히 평범하고 일상적인 것처럼 보이는 일을 소중하게 여기며 보람을 느끼는 사람들도 많다.

우연히 찾아온 꿈도, 아주 오래 전부터 하고 싶었던 일이 아니어도 천직이 될 수 있다. 우리에게 찾아온 일을 무시하지 않고 그냥 지나쳐 버리지 않는다면 어떤 일보다도 재미있는 일로 만들 수도 있다.

〈베스트베이비〉 잡지사에서 일하고 있는 한보미 취재기자에게도

잡지 편집 일이 어느 날 우연히 찾아왔다고 한다. 대학교 4학년 2학기, 한창 진로를 고민하면서 여기저기 원서를 내다 지쳐 있던 때 잡지사 기자로 일하고 있었던 문학동아리 선배가 잡지사 편집부에서 한번 일해 보지 않겠느냐고 제안을 해 왔다. 정규직도 아니었고 그전까지 잡지사 기자를 특별히 염두에 둔 것도 아니었지만 어쩐지 재미가 있을 것 같아 시작하게 되었다고 한다.

자신의 관심 밖에 있던 일이고, 한 번도 생각해 보지 않았던 일이라도 일단 기회가 오면 잡는 게 현명한 판단일 수 있다. 어떤 일을 막상 해 보기 전에는 그 일이 나에게 맞는지 알 수 없기 때문이다. 지금 당장은 어떤 흥미도 없지만 막상 일을 해 보면 흥미가 생길 수도 있다. 일을 시작하기 전에 무언가를 예측하기보다 우선 그 일에 뛰어들어 본 후에야 비로소 자신의 흥미와 적성을 더 정확히 알게 되기도 한다.

주위의 많은 사람들이 특정 직업을 택했다가도 막상 그 일을 했을 때 전혀 적성에 맞지 않아 그만두고는 한다. 심지어 모두가 선망하는 직업인 변호사를 비롯한 전문직으로 일하다가도 자신의 적성과 안 맞아 금세 그만두는 사람들도 많다. 아무리 훌륭해 보이는 직업이라도, 아무리 다른 사람들의 부러움을 사는 직업이라도 자신에게 맞지 않을 수 있다. 맞는지 아닌지를 알아보기 위해서는 일단은 일을 해 봐야 한다.

사람들 눈에는 미친 짓으로 보이겠지만, 자신에게 맞지 않는 직업을 과감히 버리고 다른 직업을 택한 이들은 누구보다도 용기 있는 사람이다. 내 적성에 맞는 일이라야 좋은 직업이지 겉만 번지르르하다고 결코 좋은 직업이 될 수 없으니까.

그녀는 어렸을 때 부모님이나 선생님의 말씀을 모두 지키려고 애쓰는 재미없는 모범생이었다. 특별히 잘하는 것도 없었고 톡톡 튀는 성격도 아니었지만 책을 무척 좋아했다. 그런데 여러 분야의 책을 고루 읽기보다는 한 번 꽂힌 책을 반복해서 읽었다. 《빨간머리 앤》, 《키다리 아저씨》, 《작은 아씨들》, 《오만과 편견》 같은 작품들은 못해도 백 번 이상 읽어서 달달 외울 정도였다.

예전 가난하던 시절에 사람들은 책을 많이 읽었다. 어쩌면 영혼의 양식이라고 하는 책으로 배고픔을 대신 채웠을지도 모르겠다. 물질적으로 더 풍요로워지고, 먹을 것도 많아진 지금 오히려 사람들의 관심은 먹는 것에 있지 책에 있지 않다. 초등학교 때까지도 책을 많이 읽던 친구들도 중학생만 되면 책을 손에서 놓는다. 책에 무수히 많은 길이 있다는 진리를 진리로서 받아들이지 않는다. 책만 많이 읽어도 내가 해야 할 일은 많이 생긴다. 거기에 나오는 주인공의 모습이 나의 모습이 될 수도 있고, 책읽기를 통해 나의 일을 만들어 가고 확장해 갈 수도 있다.

정해진 규칙을 잘 지키면서도 한 번 좋아하게 된 책을 백 번 이상 읽을 정도의 덕후 기질은 그녀가 취재기자로서 마감을 잘 지키면서도 자신이 하는 일에 푹 빠져들 수 있는 조건으로 왠지 충분해 보인다. 튀는 아이는 튀는 아이대로 조용한 아이는 조용한 아이대로 자신의 기질과 성향에 맞는 것들을 찾아 나서서 각자가 가진 색깔들을

일 좀 하는 언니들 이야기

적절하게 활용하는 게 중요하다. 남이 가진 색깔이 화려해 보인다고 해서 굳이 다른 색깔에 물들어 갈 필요는 없다.

그녀는 책 읽는 걸 무척 즐겼기에 작가들을 동경하기도 했다. 글을 써서 생계를 유지할 수 있다면 멋질 거라는 생각도 가졌다. 결과는 좋지 않았지만 단편 소설을 써서 청소년문학상 등에 투고하기도 했다는데, 이러한 경험들이 그녀가 취재기자가 되기까지 결코 헛된 경험은 아니었을 것이다. 비록 상을 받지는 못했지만 그런 과정들에서 누군가의 글을 읽고 또 글을 쓴다는 행위가 그녀에게 감명 깊게 와 닿았을 테니 말이다.

그런 의미 있는 일을 어린 나이에 알게 됐다는 게 부러울 따름이다. 삶을 살아가는 데서 글을 쓴다는 건 우리의 삶을 무척이나 풍요롭게 해 주지만 어린 시절부터 그 비밀을 알아내는 이들은 많지 않다. 공부 하느라 책을 읽을 시간도 없는데 글을 쓴다는 건 더더욱 생각지 못할 일이기도 하니까.

비록 소설가가 되겠다는 어릴 적 꿈은 이루지 못했지만, 기자로서의 일을 시작하면서 그때의 꿈이 그녀에게 적잖이 도움이 되었을 거다. 글을 쓴다는 행위를 소설가라는 직업에만 국한하지 않고 글쟁이라는 모든 직업의 범주로 접근한다면 그녀가 꿈을 이루지 못한 것도 아니라는 생각이 든다. 우리는 가끔 직업과 꿈의 교집합을 생각하지 않고, 항상 그 둘이 일치해야 한다고 생각하곤 한다. 그래서 이미 꿈을 이루어 놓고도 자신은 꿈을 이루지 못했다고 착각하기도 한다. 꿈은 직업보다 더 넓은 개념이다. 꿈의 범위를 좀 더 폭넓게 잡는 것이

꿈을 이루는 여정 가운데 우리를 덜 지치게 할 수도 있다.

자신의 꿈을 노트에 한번 써 보는 게 좋다. 직업으로 자신의 꿈을 적지 말고, 서술형으로 좀 더 구체적으로 적기를 권한다. 이를테면, 교사라는 직업명 대신 '아이들이 좀 더 좋은 세상에서 질 좋은 교육을 받도록 돕는 것'이라고 적은 후 그런 일을 할 수 있는 직업들을 나열해 보는 것이다.

의사가 되고 싶다면 의사라는 직업에만 자신의 꿈을 국한하지 말고 사람을 살리는 일로 자신의 꿈을 정의하는 게 좋다. 직업의 범주 또한 의료계로 폭넓게 잡는다면 우리가 이룰 수 있는 꿈은 더 넓어지고 기회가 더 많아진다. 의료계에 포함된 직업은 의사만 있는 게 아니라 의료 기술 전문 요원, 임상심리사, 간호사 등등 더 많이 있으니 말이다.

일상에서 특별함을 발견하는 일의 즐거움

그녀는 잡지사 편집장을 지내면서 리더의 역할을 했었는데 처음부터 잡지사 편집장으로 있었던 건 아니다. 가끔 사람들은 무언가를 이루고 정상의 자리에 있는 사람을 보며 그 사람이 처음부터 그 자리에 있었다고 착각하곤 한다. 그 자리에 오르기까지 얼마나 힘든 일을 참으며 노력했는지에 대해서는 별로 관심이 없고 그가 지금 누리고 있는 것에만 관심을 둔다.

세상 사람들의 절대 다수가 낮은 자리부터 끊임없는 노력과 수고를 하여 높은 자리에까지 올라간다. 그럼에도 불구하고 지극히 희귀한 경우, 이를테면 대기업 총수 자녀들이 처음부터 높은 자리에 오르는 것만을 보며 스스로를 초라하게 느끼고 세상이 불공평하다고 불평한다. 5천만 인구 중에 대기업 총수 자녀는 손에 꼽을 정도이고, 금수저를 물고 태어난 아이들도 실은 자유를 꿈꾸고 있을지도 모를 일이다. 자신은 음악을 하며 히피처럼 살고 싶고, 방랑자처럼 여기저기 여행을 하며 자유롭게 살고 싶었을 수도 있다. 자신의 정해진 운명은 그것을 허락하지 않고, 마치 제왕의 자녀라도 된 것처럼 어렸을 때부터 양육이 아니라 훈련을 받았을지도 모른다.

남이 물고 태어난 수저의 색깔을 부러워하는 것보다 내가 가진 수저를 반짝반짝 닦는 게 더 중요하다. 어떤 누구의 삶이든 행복한 일만 있는 건 아니다. 돈이 아무리 많아도 가족이 화목하지 않을 수도 있으며, 재벌가에 시집을 가서 사람들의 부러움을 사는 여성도 실은 남편이 만날 바람만 피우는 통에 속병을 앓고 있을 수도 있다.

남의 행복과 나의 행복은 서로 비교 불가능하며 상대적인 것이 아니다. 우리의 삶을 어떻게 꾸리느냐에 따라 나의 행복을 절대적인 것으로 만들 수 있다. 그리고 그 행복을 누리기 위해 우리가 감수해야 하는 고생들 또한 기꺼이 받아들일 수 있어야 우리는 위로 올라갈 기회를 얻게 된다. 어차피 내려올 산이라면서 오르려고 노력조차 하지 않는 사람은 산 정상에 올랐을 때 만끽하는 바람의 시원함을 결코 느낄 수 없다.

10년이 넘는 시간 동안 맨 아래 단계부터 차근차근 밟아 올라간 결과 편집장의 역할까지 맡을 수 있었다. 그녀는 처음 8개월 정도 육아 잡지 편집부에서 어시스턴트로 일했다. 어시스턴트는 선배 기자들의 촬영과 취재를 돕는 역할을 한다. 이후 경쟁 매체에 '객원 기자' 자리가 비어서 선배들의 추천으로 일할 수 있게 됐다. 객원 기자 생활을 7, 8개월쯤 한 뒤 일했던 곳에 마침 결원이 생겨 정식 기자가 되었다.

그녀와 함께 어시스턴트 생활을 했던 친구들이 20여 명쯤 되는데, 정식 기자가 된 사람은 2~3명 정도라고 한다. 어시스턴트로 일하면서 3~5년 정도가 돼야 정식 기자가 될 수 있는데, 그녀는 어시스턴트 2년 만에 정식 기자가 되었으니 운이 좋았다고 한다. 그녀는 그것이 행운이었다고 말하지만 어쩌면 그녀가 누구보다 열심히 일했기 때문에 그런 기회를 잡을 수 있었던 건 아니었을까. 열심히 일하던 그녀의 모습이 누군가의 눈에 띄었을지도 모를 일이다.

요즘은 잡지사에서 아르바이트나 인턴을 뽑는 경우들이 있는데, 그렇게 들어가서 2~3년 정도 일을 하다 보면 정식 기사가 될 수 있는 기회를 잡을 수 있다고 한다. 전공에 대한 특별한 제한은 없지만, 커뮤니케이션(신문 · 방송 · 영상) 전공자들이 많은 편이고 국어국문학과, 불문과, 영문과 등 다른 전공자들도 있다고 한다.

사실 전공 사이의 벽이 허물어지고 있는 요즘 전공보다는 얼마나 호기심을 가지고 있는지가 더 중요할지도 모르겠다. 그녀의 말에 따르면 호기심이 많은 성격이라면 편집 일을 재미있게 해 나갈 수 있을 거라고 한다. 사람이나 새로 나온 물건, 새로운 현상에 대해 호기심을 가지고, 이를 잘 취재하거나 구성해 다른 사람들에게 알려주고 싶다는 욕구가 중요하다고 말이다.

잡지사 편집 일을 하다 보면 마감을 앞두고 며칠씩 야근과 철야가 반복되는 일이 잦다고 한다. 내가 쓴 글이나 취재한 내용을 많은 사람들이 좋아해 주면 보람되고 기쁜 일이지만, 마감이 다가오면 체력적인 부담감을 많이 느끼게 된다고 한다. 그러니 편집자가 되기 위해서는 체력도 잘 길러야 한다.

3년 정도 일한 후 그녀는 이런 체력적인 한계에 부닥치기도 했고, 20대 중반의 나이에 뭔가 다른 길이 있지 않을까 하는 막연한 기대를 가지고 그때 일하던 잡지사를 퇴사했다. 그런 후 벌어 놓은 돈으로 캐나다 토론토로 어학연수를 가서 1년여를 보냈는데, 그것은 어쩌면 열심히 일한 자기 자신에게 주는 선물이었던 것 같다. 그런데 막상 외국에서 공부를 하다 보니 신기하게도 그렇게 지긋지긋했던 '마감'이 다시 너무 하고 싶어졌다고 한다.

떠나 봐야 자신이 그 일을 얼마나 좋아하고 있는지 알 수 있다. 그녀도 떠난 후에 본인이 편집 일을 얼마나 좋아하고 있는지 비로소 깨닫게 되었다고 한다. 한국에 돌아오자마자 지금 일하고 있는 잡지사인 〈베스트베이비〉에 재취업이 됐고, 기자로 일한 지 9년 만에 편집장이 될 수 있었다.

그녀는 많은 사람들을 만나 왔고 또 지금도 많은 사람들을 만나고 있다. 여러 사람들과 행사를 기획하고, 기자들이 써 내는 기사를 검토하고, 잡지의 구성은 어떻게 할지 정하면서 한 권의 잡지를 만들어냈다. 편집은 평범한 일상 가운데 각기 다른 사람들을 만나며 새로운 일을 구상하고 기획하는 일이다. 그녀는 3년 동안 편집장으로 일하다가 현재는 콘텐츠 사업부로 발령받아 새로운 일을 시도하는 중이다. 앞으로 자신의 분야에서 더 멋지게 일할 그녀의 삶에 박수를 보내고 싶어진다.

꿈도 때로는 편집이 필요해

어떤 길을 걸어갈 때 가끔씩 뒤도 한 번 돌아보고 좌우도 한 번씩 보는 게 좋다. 그렇지 않으면 길을 걷는 데만 집중한 나머지 자신을 둘러싼 아름다운 경치도 잘 보지 못하고, 이 길이 제대로 된 길이 맞는지도 알아차리기가 힘들다. 항상 걷던 길이라도 내가 모르는 새로운 길이 생겼을 수도 있다. 나도 모르는 사이에 길을 지나다니는 사람들이 지름길을 만들어 놨을지도 모른다.

주어진 과제를 할 때나 어떤 일을 할 때도 중간에 한 번씩 자기가 잘하고 있는지 점검할 필요가 있다. 점검하는 순간은 나에게 쉼을 허락하는 순간이기도 하고, 더 잘하기 위한 계획을 다시 확인해 보는 시간이기도 하다.

하나의 꿈을 선택했다고 해서 그것이 영원한 나의 꿈이 되어야 하는 건 아니다. 시대가 변했음에도 낡은 방식을 고수하는 것 또한 전혀 진취적이지 않다. 어떤 회사에 들어갔다고 하더라도 새로운 환경이 필요하면 환경을 바꾸어야 하고, 새로운 기술이 필요하면 기술을 다시 습득해야 한다. 지금처럼 변화가 빠르고 순식간에 환경이 바뀌는 시대에서는 빨리 적응하는 사람만이 살아남을 수 있다.

컴퓨터가 보급되기 전에 사람들은 대부분의 정보를 텔레비전이나 신문 등에서 얻었다. 이후 컴퓨터가 발달하면서 데스크탑이나 노트북을 이용해 인터넷상에서 정보를 찾기 시작했다. 스마트폰이 널리 보급되고 다양한 기능들을 제공하기 시작하면서 이제 컴퓨터나 노트북을 켜는 것도 귀찮은 일이 됐을 정도다. 스마트폰으로 모든 정보를 찾고, 영상을 시청하고, 메일을 주고받는다. 심지어 책도 종이 책 대신에 전자책을 읽는 사람들이 늘고 있다.

이런 시대에 잡지 역시 많은 변화를 맞게 되었다. 전자책을 읽는 사람들이 많아졌지만 여전히 많은 사람들이 종이 책을 좋아하고 소비하고 있으므로 종이 책이 사라지지는 않을 것이다. 하지만 잡지 역시도 디지털화하고 있는 시대에서 전자책처럼 소비자들의 욕구를 충족시켜 줄 수 있는 방법들을 모색해야 하는 건 분명해 보인다. 한보미 취재기자는 빠르게 변화하는 시대에 발맞춰 어떻게 하면 독자들이 여전히 만족할 수 있는 매력적인 디지털 콘텐츠를 만들 수 있을지가 가장 큰 고민이라고 한다.

그녀는 현재 대학원에서 미디어를 공부하고 있다. 잡지사 퇴직 이후의 제2의 인생을 대비한 것이기도 하겠지만, 잡지를 더 잘 만들어 운영하는 방법과 둘의 장점을 접목시키는 방법을 공부하면서 구상하기 위해서이기도 하다. 그러면서 그곳에서 만나고 배우는 모든 것들에서 영감을 얻기 위함일 것이다. 그녀가 만드는 잡지만큼이나 자신의 꿈도 잘 편집하고 있는 듯한 느낌이다.

우리가 하는 일을 비롯해 우리의 꿈도 때로는 편집이 필요하다. 시대가 변해서일 때도 있고, 내가 변해서일 때도 있다. 어떤 이유이든 아무리 좋아하던 일도 어느새 일상이 되어 더는 좋아하는 일로 느껴지지 않을 때도 있고, 여전히 좋아하지만 지치게 될 때도 있다. 그럴 때는 새로운 방법을 모색하거나 새로운 환경에서 새로운 것들을 배우는 등 나의 꿈을 조금 더 예쁘게 편집해 보는 게 좋다. 새로운 걸 배우거나 접목시키는 것은 내 일에 다시 활력을 불어넣는 방법이기도 하다.

환경이 달라지거나 지금 하고 있는 내 직업의 전망이 밝지 않아서 낙담할 필요도 없다. 새로운 환경에 맞춰 나의 콘텐츠를 새롭게 변화시키는 아이디어가 중요하지 새로운 환경 자체가 중요한 건 아니다. 아이디어가 없다면 그런 아이디어가 풍부한 사람들을 찾아보면 된다. 우리나라에는, 그리고 세상에는 의외로 번뜩이는 창의성을 장착한 재미있는 사람들이 많다. 그런 사람들을 검색하는 능력만 키우면 될 정도로 말이다.

일 좀 하는 언니들 이야기

편집은 함께 만드는 일이야, 우리의 세상처럼

사람들 중에는 혼자서 일하는 걸 좋아하는 사람이 있고 여럿이 같이 일하는 걸 선호하는 사람도 있다. 다른 사람 밑에서 지시받으면서 일하는 것을 못 견디는 사람이 있고, 조직 생활에 적응을 잘하는 사람도 있다. 사물을 다루는 직업을 가진 사람도 있고, 사람을 대하는 직업을 가진 사람도 있다.

다른 사람들과 함께 일하는 걸 힘들어하는 사람이 이상한 사람도 아니고, 남 밑에서 일하거나 조직 생활을 싫어하는 사람이 비뚤어진 것도 아니다. 우리 모두 각자의 기질과 성격이 있고, 거기에 맞게 일을 선택하면 된다. 그래도 한 가지 기억해야 할 것은, 혼자서 일하는 사람이든 여러 사람과 일하는 사람이든 서로 협력해야 할 때가 있다는 사실이다.

잡지 편집은 '협업' 그 자체이다. 내가 아무리 좋은 기획으로 맛깔나게 글을 잘 쓴다고 해도 사진과 편집 디자인이 맞지 않는다면 전체적인 결과는 좋지 않다. 그만큼 사진 기자, 미술 기자(디자이너)들과 부드럽게 의견 조율을 해낼 수 있어야 한다. 홍보 대행사, 브랜드 담당자들과도 교류가 많기 때문에 남들과 협동하는 능력은 더욱 필요한 소양이라고 할 수 있다. 한보미 취재기자는 내 주장을 펼치면서도 다른 사람들의 의견을 수용하는 포용력 역시 필요하다고 말한다.

조직 생활은 나 혼자서 할 수 있는 일이 거의 없다. 모든 일이 팀별, 부서별로 이루어지기 때문에 나 혼자 일을 잘한다고 해서 좋은 결과가 나오지 않는다. 다른 사람과 보조를 맞춰 모든 것이 톱니바퀴처럼 잘 맞물려 돌아가야 좋은 성과를 낼 수 있게 된다.

사실 프리랜서로 활동하거나 자신의 회사를 만든 사람들도 혼자서만 일을 할 수 있는 건 아니다. 프리랜서로 혼자 일하는 사람들도 가끔은 다른 프리랜서와 협업해야 하는 경우가 있고, 다른 기관이나 사람들과 프로젝트를 함께 만들어 가야 하는 경우도 있다. 누구 밑에서 일하는 것이 싫어서 자신의 회사를 꾸렸더라도 직원들과 소통해야 하는 건 기본이다. 리더십을 가지고 직원들을 이해시키고 이끌어야 한다.

요즘은 1인 창업가들도 많아지고 있다. 1인 창업이란 말 그대로 혼자서 대표로서 직원으로서 1인 다역을 맡아 자신의 일을 하는 걸 말한다. 혼자서 일하기는 하지만, 1인 창업가들도 혼자 힘만으로는 일할 수 없다. 네트워크와 인맥을 구성해서 다른 사람들과 함께하지 않으면 사업의 결과는 뻔하다.

조직에 속해 있든 속해 있지 않든, 내가 회사의 오너이든 직원이든 우리가 함께 세상을 살아가는 것처럼 일 또한 함께 해 나가는 것이다. 나의 꿈 역시 다른 이들의 도움이나 협동 없이는 이루기 힘들 때도 많다. 아무리 글을 잘 써도 그 글을 출간해 주고 마케팅해 주는 사람이 없으면 독자들에게 읽힐 기회조차도 가질 수 없다. 그리고 아무리 언변이 좋은 강연가이거나 아무리 연기를 잘 하는 연기자라도 나를 무대 위에 올려 줄 사람이 없으면 실력을 입증할 방법이 없다.

꿈을 이루는 것도 여러 사람의 협업이다. 지금 내가 꾸고 있는 꿈을 어떻게 이룰 수 있을지, 꿈이 도대체 뭔지도 모르겠고 찾지도 못했는데 앞으로 내가 무엇을 할 수 있을지 모를 때 그 방법을 알려주기 위해 존재하는 사람들은 많다. 이 책의 모델들이 기꺼이 멘토가 되어 줄 것이다.

그리고 세상에 먼저 나가서 이미 꿈을 이루고 자신의 일을 멋지게 해내고 있는 많은 사람들이 10대들을 비롯한 청년들의 꿈을 응원하고 도와줄 것이다. 그러니 혼자서만 고민하지 말고 우리 모두와 함께 꿈을 꾸고 함께 이루어 나갈 수 있기를!

잡지사 취재기자 한보미 언니에게 물어봐!

Q. 잡지사에서 일할 수 있는 방법을 알려주세요.

A. 잡지사에서 실시하는 공채에 지원하는 방법과 잡지사 채용 공고를 보고 지원해서 기자가 되는 방법이 있습니다. 또한 저처럼 비정규직인 '어시스턴트'로 일하다가 기자로 채용되는 경우도 있습니다.

Q. 잡지사에서 일을 하려면 특별히 어떤 전공을 선택해야 하나요?

A. 전공에 대한 특별한 제한은 없습니다만 커뮤니케이션(신문 · 방송 · 영상) 전공자들이 많은 편입니다. 물론 국어국문과, 불문과, 영문과 등 다른 전공자들도 있습니다.

Q. 어떤 성격의 친구들이 편집자가 되면 좋을까요?

A. 호기심이 많은 성격이라면 이 일을 재미있게 해 나갈 수 있을 거란 생각이 듭니다. 사람이나 새로 나온 물건, 새로운 현상에 대한 호기심이 있고, 이를 잘 취재하거나 구성해 다른 사람들에게 알려주고 싶다는 욕구가 중요해요. 그리고 내 주장을 펼치면서도 다른 사람들의 의견을 수용하는 포용력도 필요하고요. 여러 사람들과 함께 일해야 하는 일이니만큼 중요한 소양이라고 할 수 있습니다.

Q. 일반 회사들과 비교했을 때 월급은 마음에 드시는지도 궁금해요.

A. 노동 강도에 비하면 그리 높은 수입이라고는 할 수 없지만 보고 싶은 책과 영화를 실컷 볼 수 있고, 저축도 조금 하면서 지낼 만해요.

Q. 잡지사에서 일하게 되면 카페에서 기사를 쓰는 등 왠지 자유롭게 일할 수 있을 것 같은 느낌이 들어요. 실제로는 어떤지 궁금해요.

A. 담당 칼럼에 들어갈 사진이나 디자인을 어떻게 해야 할지 시안을 찾고, 촬영 진행을 하고, 취재까지 혼자 해내야 합니다. 각자 담당 칼럼이 다르기 때문에 일하는 시간 구성도 기자마다 다르고 외근이 많은 편입니다. 마감 기간에는 취재한 내용으로 원고를 쓰는데요, 카페에서 원고를 쓰는 일도 있지만 전문 교정 · 교열자와 디자인팀과의 협업이 필수이기 때문에 대부분의 시간을 사무실에서 보냅니다.

Q. 잡지사에서 일하다가 제2의 인생을 꾸리는 분들은 보통 어떤 쪽으로 진출하게 되나요?

A. 기본적으로 책을 만드는 일을 했기 때문에 이력을 살려 출판사의 단행본 편집자로 일하거나 출판사를 차려 운영하는 분이 많습니다. 일반 기업의 언론 · 홍보 파트에서 일하기도 하고 비

주얼 작업의 경험을 바탕으로 스타일리스트로 활동하기도 합니다.

Q. 우리 친구들에게 해 주고 싶은 말씀이 있다면요?

A. 흔한 이야기지만 책을 많이 읽고, 많은 것을 보고 듣는 것은 나중에 어떤 직업을 선택하든 큰 도움이 될 거라 생각해요. 영상물은 이미 많이들 접하고 있을 텐데요. 그뿐만 아니라 책, 음악 등도 신경 써서 읽고 듣는 노력을 계속한다면 '마음이 부자인 삶'에 훌륭한 자양분이 되어 줄 거예요.